致富新世代 **2**

科網君臨天下

郝承林　著

信報 出版
HKEJ PUBLISHING

江山代有才人出 各領風騷數十年

對我而言，2016年是一個特別的年份。磨嘴了近三十年，亦師亦友的曹仁超辭世，感慨萬千。他字字珠璣的投資智慧和理財心得，相信不少投資者均耳熟能詳，琅琅上口。踏入下半年不久，承林君來電說有事相請，原來便是要我替他的新書寫序。

承林君是近年冒起的《信報》專欄作家。猶記第一次見面，頗感意外，因為他竟是這麼的年輕，言談謙和有禮。這和他文章裏的老練筆法和有時的調皮幽默不大相同。如指出「好的股票通常都不會平，就似靚女通常都有男朋友」，大概只有他才想得出。

他也和一些時下的年輕人不同，不會嫌我們這些擇善固執的老前輩多言，常問好請益。同意的便說好，不同意的便微笑不語（真是豈有此理！）。作為磨嘴對象太過謙和，不及老曹好，但我確定能看到他眼中的飢渴，以及立心不斷學習和尋找進步的那團火。

《信報》作為香港首份財經報刊，每年投稿者不絕如縷，承林君的《價值物語》專欄，能屹立5年以上，已能看出他的才華。當然，要追及曹生等的「欄資」，小夥子還要多加努力呢！

文章要寫得好，首要論點明確，咬緊一點來寫，千萬不要東拉西扯，言之無物、缺乏重點。專欄要寫得好，則要不斷創新，不讓自己掏空，並不斷吸收新事物，再消化轉化為文字介紹給讀者。專欄文章要好看，要耐看，更要有一份真，一顆赤子之心。

承林君的文字天馬行空，從莎士比亞到金庸小說，全皆信手拈來，只因他有從不同角度去分析同一件事的能耐。近年其筆觸由中港市場，擴至涉獵美股和科網股份，帶領讀者走向世界。

天分、才華、努力、好勝，許多人都有，但一件事做得好後能夠保持、長時間做得好，靠的便是態度和品格。承林君絕對明白當中的道理。

《致富新世代2》的最後一章〈落紅不是無情物 化作春泥更護花〉，訴說他為何會決心學習投資，原來便是因看了曹先生的一篇文章而起。現在讓我回應曰：「江山代有才人出，各領風騷數十年。」我想曹生在天堂也會同意的。

期待承林君未來寫出更多佳作以饗讀者，也祝此書「陸」陽紙貴。

—— 陸文

MAN OF LETTERS

當承林兄跟我説，他希望成為真正的Man of Letters的時候，我一點也不覺
驚訝。

便如著名的「奧馬哈先知」，如常地穿着他最喜愛的V領毛衣，架着舊眼
鏡，坐在Piccolo Pete's小店角落，一邊靜靜的吃着那35美元T骨牛排套
餐，一邊看書沉思的時候，鄰座的不留神細看，怎會知道這是世上最成功
的投資之王Warren Buffett？

巴菲特曾經這樣説： *"I insist on a lot of time being spent, almost every
day, to just sit and think. That is very uncommon in American business.
I read and think. So I do more reading and thinking, and make less
impulse decisions than most people in business. I do it because I like
this kind of life."*

一個出色的投資者，真正的高手，從來是這樣子。沉靜、堅定、理智、博
學，不亢不卑。生活是read and think，不斷觀察，不斷思考。

曾經有10年，我的主要工作是為科技公司集資發展、收講、上市，然後合併，又集資，再在海外上市，又再合併……在這段期間，見過不少世界各地投資銀行的分析員及基金經理。代表公司做路演，要成功把股票賣出去，我的責任是隱惡揚善。而各投資經理的責任，當然是要在我眩目的迷踪拳中，把「惡」看穿。我的經驗是這樣：那些衣着華麗，自以為是，滿嘴時興專業術語的對手，看似厲害，其實最易擊到。只要朝着他們說話的方向及思路推進，股票便不難賣出。而那些打扮平實，坐在遠處不動聲色的，反而極難對付。這等高手的功課做得深入，行業知識有如行內人，說話不多，每一句卻準確地打在七寸之上。遇到他們，在45分鐘的談話之後，我的襯衣，總是濕透。所以我對這些能一眼看穿機關的厲害人物，印象極深。不過，這些高手絕不多見。

數字是這樣說：2014年的*SPIVA US Scorecard*顯示，美國大型基金在較長投資期的表現普遍欠佳，以5年及10年期為例，分別有超過八成的基金跑輸標普500指數。即是說，市面上大多數的投資基金是廢的，裏面的分析員，根本不知道自己在說什麼。投行如是，在報章上寫投資評論的，亦如是。真的，現在還說殼股、短炒、止賺、震倉壓價，甚或風水投資這些照單執藥的意見？當巴菲特戲言，把圖表倒轉來看，效果一樣的時候，竟然有人還拿着技術分析當寶？

值得看的投資文章，還是有的，但屈指可數。然後，2011年，郝承林在《信報》出現。

與承林兄有緣。當我在2005年和友人在《信報》寫管理文章的時候，他是讀者。後來我以葉一南之名在《飲食男女》寫飲寫食，來一個大轉變，他竟然也是讀者。5年前承林兄在《信報》寫《價值物語》專欄，談價值投資，文筆生動，博古通今，如此好文章，直是久旱逢甘露，這一回，我變成他的讀者。神交已久，機緣巧合，一年前終於見面。

相約在九福午餐。我例牌早到，想不到有人比我更早。餐廳還未開門，一位儒雅書生，臉露笑容，手上拿着幾本書，安詳的站在門口。上前相認，看到承林兄的眼神舉止，感覺熟悉，我不期然想起以前在路演時，遇過的少數厲害高手。他們有着同樣沉實內斂的氣派。

這頓午餐吃得愉快。承林兄從胡蘭成談到金庸；從山田洋次的《東京家族》，一下子跳去世界盃；跟着從圍棋吳清源說到四組複弦曼陀鈴。然後話題一轉，討論灣仔生記咕嚕肉的盛衰；分享毛記電視笑死人的片斷。我管理科技公司十多年，對Google的人工智能運算及Amazon的大數據運輸方法，有點認識，特意在這課題說得深入。承林兄若無其事微笑接招，如數家珍，到了後來，反而是我跟不上，實在始料不及。厲害。我們沒有討論投資之道，因為生活本來就是一種投資。在溫文的外表下，藏着一團燒得熾熱的火，承林兄對追求知識，尋根究柢，有一種異於常人的渴求。他投資精力時間，不停去看，去讀，去想，去思考，去感受，正是「奧馬哈先知」所說的read and think，回報自然是融會貫通，跑贏大市，這是不用多說的了。

十七世紀的歐美學者，聯群結社，以書信互通消息，交流意見，推廣文明，豐富知識，是為Man of Letters。這便是我相識，一時超離地，一時又極貼地的朋友，郝承林。

——— 葉一南

因荷而得藕　有杏不須梅

股神巴菲特對投資的定義為：「將當下的購買力讓給他人，以祈合理地期望在未來獲得更大的購買力。對絕大多數投資者來說，股份下跌並不重要，他們應專注的，是購買力的持續強勁成長。」

如何能做到？答案是通過投資優質企業，只要企業的成長快過通脹和物業價格，你的購買力便會隨年月而大幅上升。

1995年，蓋茨第一次成為全球首富，身家約93億美元，巴菲特緊隨其後，資產也達92億。到了2015年的富豪排行榜，蓋茨的身家增至742億，巴菲特也有727億。20年過去了，兩人為何仍能在富豪排行榜稱雄。又為何基數較高下，身家依然能以倍數上升？

答案是兩者持有的並不是現金，而是優質企業。微軟和巴郡的成長，讓蓋茨和巴菲特的身家連年遞升！

以未來5年，甚至10年看，哪一行業的企業最大機會讓你的財富增長最快？答案定必是科網。

2016年人工智能電腦Alpha Go，戰勝圍棋世界冠軍李世乭，預示科網世代正式重臨。Google和Facebook佔了全美網絡廣告逾七成，Amazon取代Walmart成為全球最大的零售商，阿里巴巴的商品交易總額，相當於中國第六大省。攜程去年一統內地在線旅遊，現在似是要發誓追趕Priceline。單一企業的優異表現，並不會帶來泡沫，但當行業冒現的股王愈來愈多，股份接連創新高，那麼估值從合理至偏高到極高，或是較大機會的推算。

科網股份多在美上市，投資者能如何捕捉機遇？投資本就不該受地域所限。在資訊愈加發達的現代，投資海外股份較任何時候都要容易。就似巴菲特當年投資中石油，從未見過公司管理層，所靠者不過Read、Read、Read──閱讀公司年報而已。更何況不少科網企業，如Google、Facebook、淘寶等早已融入人們生活當中。

因荷而得藕。只要努力，自自然然便能找出投資趨勢、企業價值。有杏不須梅，到現在我也未能明白技術分析到底是怎麼的一回事。但不要緊，在投資領域，人們所需者，不過理性思維和紀律而已。

學習投資，乃因多年前閱讀了曹仁超先生的一篇文章而起。筆名的由來，則是因很喜歡其時《信報》三位姓「林」，或名字裏有「林」字的先生的文章。各人文章筆法皆不同，然獨立思考則一。評論以來只有獨立，而不應有隨隨便便的中立。

不斷的跑，不斷的思考，有時會在山坡上看見前人的背影，未來也會有其他人在同一條路上奔跑。承林並不是繼承，而是傳承，能和志同道合者在獨立思考的道路上一起奔跑，實在是一段難得的緣分。

科網改變世界，掌聲應先給誰？不是蓋茨、不是喬布斯，甚至不是朱克伯格，而是光纖之父高錕先生。但若問他當初發明光纖時，會否想到對世界帶來這麼大的改變，他大概也沒有意料到。喬布斯發明iPhone，朱克伯格創辦Facebook時大概也沒想到。

同理，科網泡沫最後會吹至多大，有沒有千禧年的那次那麼大，沒有人能事前知道。但趨勢出現時加入，待結束前才退出，不正是每個投資者的份所應當？

或許便似電影《北非諜影》的經典對白 "We'll always have Paris." 一般，投資好股票，除收穫財富外，也會為你人生添上一段奇妙旅程和回憶。

是為序。

——— 郝承林

CONTENTS

避開股市地雷

4.0

投資方法學

投資大師的故事

CHAPTER

1·0

中國及香港在調整

對自己誠實，才不會對別人欺詐。正像有了白晝才有黑夜一樣，對自己忠實，就無法對別人不忠實了 (To thine own self be true, and it must follow, as the night the day, thou canst not then be false to any man)，莎士比亞如是説。

儘管內地經濟轉型很大機會成功，但轉型始終需要幾年的時光，在此之際，投資者不應欺騙自己，也不應懶散，而應將眼光轉往海外。因無論內地經濟轉型成功與否，以未來5年計，全球科網股份是十分值得投資的對象。

截至2016年6月，中國生產者價格指數（Producer Price Index, PPI）已連續51個月負增長。參考日本經驗，通縮不但讓經濟長期迷失，且會嚴重影響企業盈利，這才是內地經濟的心腹大患。

通脹會讓購買力下降，通縮卻能讓購買力上升，同樣的價格在未來能購得更多商品，這不是大好事嗎？但人們延後或不願消費，將導致企業盈利下降、抑壓投資，並最終引致經濟衰退和失業率上升。

投資者（尤其是經歷過5年通縮之苦的港人）絕對不要低估通縮對企業盈利帶來的威脅。以工廠為例，通縮背景下，儘管出貨量一樣，營業額卻會下跌，生產過程中的可變成本（variable cost）當然也會下跌，但固定成本如租金、利息開支和折舊等卻不容易在短期內下降，是故2%的營業額下跌，加上利潤率下降，便可能導致10%的盈利下跌。3%至5%的營業額下降，隨時導致三、五成的盈利下跌。

更有甚者，是需求疲弱，企業為求刺激銷量，主動割價或加大推廣費用（內房不正是如此嗎？），結果營業額上升了，利潤卻仍停滯不前。企業盈利下跌，工資不易上漲，消費再次下跌，企業盈利和社會消費遂走入負增長的怪圈。

通縮乃股市最大敵人

企 業 利 潤 受 損

以百盛（3368）作例，2011年營業額約43億元人民幣，期內中國經濟年年「保七」，但到了2014年，其營業額亦不過約45億元人民幣。勉強保持（減價促銷或更多市場推廣等）營業額的代價，是盈利急跌，從2011年賺逾11億元人民幣，急跌至2014年約2億元人民幣；聯華超市（980）的營業額，從2011年的273億元人民幣，上升至2014年291億元人民幣，盈利卻從逾6億元人民幣降至只約3000萬元人民幣。

龍湖地產（00960）和旺旺（00151）分別是房地產和食品零售行業裏的翹楚。龍湖2014年營業額上漲約22%，至510億元人民幣，但盈利只上升約4%，至83億元人民幣；旺旺2014年營業額只微跌約1%，至約38億美元；盈利卻下跌9.7%，至6.2億美元。其他行業裏競爭力較弱者，受到的影響只有較大。

內地樓價已開始回落，財富效應不再，零售消費是支持內地經濟增長的最後支柱，假若通縮讓最後支柱也被動搖，那麼來年經濟增長、股市表現將會如何？通縮對零售以至整個經濟的影響，絕對不可小覷。

通縮風險不只見於中港，而是全球。內地經濟放緩的另一反映，便是油價（以至一眾能源和商品價格）低迷。油價跌不只影響石油股，能源股及向能源行業貸款不少的銀行業，日子大約也不易過。

過去一個世紀，全球主要經濟體系，只要步入通縮，幾乎沒可能走出泥沼。所有「有幸」經歷通縮的經濟體系，都是先經歷一輪經濟高速增長，並讓資產價格（和債務）大幅上升。待高增長不再、資產價格下跌，但債務變相益高、人們勒緊褲頭減債之際，通縮便驟然而至。無論是上世紀三十年代的美國、九十年代的日本，還是亞洲金融風暴後的香港，資產泡沫過後，均須經歷長期通縮。只有金融海嘯後的美國，汲取前人經驗，堅決減債並及早向經濟體系注資，才勉強避免重蹈覆轍。

通縮當然不能聽而任之，應如美國處理金融海嘯般當機立斷，屬行量寬。內地2015年初推出地方債置換計劃（規模約1萬億元人民幣），正被視為中國版的QE（Quantitative easing、量化寬鬆）。然而內地債務水平已高，人民幣又非國際通貨（並不能如美國般長開印鈔機），要如美國般屬行QE，殊不容易。

1·2

撥亂反正去槓桿

從內地政府2015年來接連減息、降準，便可見內地正積極釋放流動性，希望通過減息來刺激經濟。「滬港通」、「深港通」的設立，固然有吸引海外資金的期望，然而股市的持續上升，亦有望帶來財富效應、刺激消費。

「雙降」無疑有短期刺激作用，但到底能否有助經濟轉型？

在內地，到底是中小企（即使是最具創意的），還是國企（儘管是營運效率較差的）更易借到資金？「雙降」有助降低企業融資成本，但最受益的，往往是內地銀行和大型國企，未必是能把資金運用得最好的一群。

在指令經濟下，大量廉價資金全數獲吸納，轉作固定投資（即使是欠缺實質需求的投資），並同時令落後產能繼續留在市場，窒礙經濟轉型。

一年未過，下一年的「增長目標」又至，結果只好借取更多的資金來作投資。內地經濟於是走入「愈放水、愈缺水」的怪圈。

至2015年底，中國的貨幣供應量是2007年的3倍，甚至比美國還要多。但中國的GDP卻只有美國的一半，可見貨幣濫發的嚴重，也可見經濟問題的病情不輕。

M 2 減速　地產狂潮告終

金融海嘯前幾年，內地廣義貨幣（M2）增長大約在15%至16%水平，中長線而言，貨幣供應是釐定資產價格的關鍵，物業價格由是緩緩上升；金融海嘯後，政府擔心衰退，一下子把M2增長推上近30%水平，結果成就了之後的地產狂潮。

既然房價注定上升，如此背景下，發展商的最佳策略，當然是加大負債，跑馬圈地。只要地皮繼續升值，高負債便不是大問題。內房股股價亦由此一路高歌猛進（愈敢於負債，升幅便愈大）。

現屆政府自2012年底上場後，放棄開動印鈔機，M2增長遂緩緩下跌，近一兩年只有12%至13%。不過，12%的M2增長，比較7%的GDP增長，仍是過高。

資產不再長升長有，高負債當然是大問題。加上之前幾年的大量投資，內地樓市已從過去的趨緊，變為供過於求。大約要三四年的去庫存，才能回到健康狀態。

土地儲備不一定升值，甚至可能貶值，市場口味遂為之一變，負債水平較高的房企，相對負債比率較低者，估值更低。資產價格緩緩下跌，負債水平又高，一眾房企紛紛減價促銷散貨。

減價促銷的代價，就是盈利下跌甚至急跌，影響了資金回籠，更加快了資產價格的調整。內房的黃金歲月，大約已隨高M2時代過去。

年年賺錢　投資價值卻下降

全國最大藥品分銷商國藥（01099）自2009年上市以來，每年都能錄得雙位數增長。其每股盈利，從2009年的0.61元，升至2015年的1.7元，近乎翻了兩番。算是相當不錯。

儘管年均增速近20%，但國藥的股價卻從2010年4月的高峰，至2016年中，一直都是區間橫行。當中到底出現什麼問題？

投資到底是因為什麼？投資不是因為增長，投資是因為價值。若增長能帶來價值，那當然是好增長；相反，損害價值的增長其實是壞增長。重點不是增長，重點是價值——企業的「內在價值」（Intrinsic Value）。

從2009年至2015年,國藥的營業額翻了近四倍至2200多億元人民幣,但同期應收賬卻升逾四倍,至640多億元人民幣的水平,可見其資金回籠並不理想。2014年10月公布的業績報告中,國藥將部分應收賬轉為「長期應收款」,真真精采,相關應收賬最終會否變成壞賬?

更重要的是其淨負債比率,從2009年尾的淨現金水平,急升至2015年底的22%(你沒看錯。筆者也以為看到的是一家連年虧損的企業)。年年賺錢且增長強勁,不單無法帶來現金,還要負債水平上升,這到底是哪門子的增長?這種增長模式到底是在創造,還是損害企業的投資價值?

國藥的經營模式,是寧願客戶遲些付鈔(見於應收賬急升),寧願向銀行借貸(見於淨負債比率上升),寧願向股東伸手(自2009上市集資後,於2011年和2013年再度批股集資),也要追求財務報表上的盈利增長。應收賬、負債上升、股東定時付鈔,這樣的增長到底是好是壞?這種增長模式又能否持續?你又是否願意投資於這種企業?

經濟發展,原來是希望通過增長帶來現金,當增長需要燒錢才能維持,這種增長模式又是否合適?國藥盈利連年上升,估值卻走低,正好說明市場對這種增長模式的不信任。

然而，這其實不過是金融海嘯後中國經濟的一個縮影，相關的景象同樣見於體育用品、服飾、內房、內銀等行業。這些行業中的公司，通過不斷加大槓桿來推動增長（沒有現金的增長）。幾年「增長」的成果，是落下了一屁股的債。

此種增長模式的結局，一是主動叫停，一是將市場上的資金全都消耗殆盡而後止。我們並不會為傳銷或「龐茲騙局」叫好，那麼為何還要信奉這種增長模式（市場不但拒絕相信，更拒絕給予高估值）？

呆 壞 賬 最 終 都 要 埋 單

內地負債比對GDP比率，已從2009年的110%，上升至2015年底的250%。要再大幅舉債催谷經濟，既無需要，亦不可行。

要解決過去幾年過度借貸遺下的問題，內地政府遂大力支持股市發展，並鼓勵中外資金融通。內地當局並不是想憑一己之力推動股市（港股市值已達27萬億）。而是想通過各種方法令股市上升（包括小量資金拋磚引玉），待散戶抵受不住誘惑，基金經理受不住恐懼（落後Benchmark 的恐懼）而紛紛入市，讓股市進一步上升之際，進行證券融資。

當經濟運行已不能產生現金，舉債亦已因負債比率過高而難以繼續，餘下的便只剩下證券融資一途。內地地方債和企業呆壞賬問題，最終都要有人埋單！

有些行業的去槓桿過程大抵完成了（如體育用品行業），有些則根本不用去槓桿（如科網、燃氣行業），但大部分行業仍在中途。去槓桿加上行業整合，過程可以非常殘酷（如內房），但財務狀況較佳者將稱王。撥亂反正，估值修復。行業整合，強者愈強。去槓桿化將行之經年，投資者不宜錯過當中的長線投資機遇。

借錢發財，終歸只是南柯一夢。現在中國睡醒了，停止再為經濟加大槓桿，其實是大好事。

「虛胖子」與中國經濟

鄧小平有言：「虛胖子能打仗？」倘若原本身體健康的人（金融海嘯時內地經濟本無大問題），卻不斷的吃補品，慢慢的變成胖子。然後說，原來的衣服現在變得很緊，很不舒服。那麼他該解開鈕扣，或買件新衣服，讓自己舒服放鬆。還是開始勤做運動，鍛煉一下，讓自己回復健康？

難道每次衣不稱身，便喊辛苦，然後不斷的鬆鈕扣、買新衣服？待暫時感覺不到侷促，便等於一切天下太平？結果往往只會是愈變愈胖！

衣不稱身，鬆鈕扣、置新衣當然有助於一時，但治本的方法卻是調理飲食、勤做運動。一是控制飲食減肚子（令其退出市場），又或將之鍛煉成六塊腹肌（提升營運水平）。要有人魚線便要付出，世上沒有免費午餐，當然也不會有無痛的經濟轉型。經濟政策的轉向當然痛苦，但那卻是讓國家經濟推上更高台階的唯一方法。

中國經濟現在的一大問題，是一些具有壟斷地位的國企，在土地人工成本不再廉價後，長期績效低下，無法轉型升級。過往經濟高增長，所有的管治問題都能遮蓋，但現在到了增長放緩，邊個無着泳褲豈不一目了然？

轉 型 在 在 需 時

所謂的「經濟轉型」，說的便是指如何從出口和基建帶動，轉移至由消費帶動。內地私人消費佔GDP比重只約三分一，和美國的七成比重相去甚遠。

內地當前欠缺的是改革。沉重的入口關稅能否下調？繁瑣的審批能否簡化？壟斷的行業會否開放？國企改革還是否繼續？中港股市的投資價值，與內地改革力度和深度成正比。

市場經過觀察，先是見到政府關掉印鈔機，然後開放價格管制（內地公用股因此上升不少），並鼓勵創新（網購的成功和民營銀行上馬便是明證），讓市場信心恢復。

內地過往不允許上規模的企業破產，結果讓經濟效益低下。現在開始改弦易轍，容許經營不善的企業破產，行業整合加速，其實長遠有助經濟重現活力，只是整合需要時間，短期的痛楚也必不可免。

1.3

本地和國際企業固然受全球經濟放緩影響，但本地企業將面對另一風險。

內地經濟放緩、實施多年的深圳居民「一簽多行」政策於2016年4月中正式結束，改為「一周一行」（2015年4月停批，是故要到2016年4月才全面反映），以2014年旅客數字作基礎，等於減少內地旅客人次近一成。

新政策固然有助減低水貨活動，但對零售市道亦有影響；加上高端消費早已受內地經濟放緩影響；人民幣貶值，更會讓旅客和水貨客進一步減少。

香港受累強美元

強美元對香港的影響正慢慢浮現。比對歐、日、澳、韓等地的貨幣連連貶值，身處美元區的香港，吸引力真較上述地區高那麼多？水貨客本是商業行為，港貨變相加價下，相關的採購將隨人民幣貶值而減少。

因旅客消費減弱，不少歐洲品牌在港的專門店大幅減價，動輒兩三成，旺區「吉舖」也漸多。

薄利應有助多銷，但盈利到底會如何？

旅客減少　　港企被波及

周大福（01929）和莎莎（00178）2015年11月公布截至9月底止半年業績，營業額分別只下降4.1%和10.6%，至293億元和37億元；然而，盈利卻分別大跌42%和55%，至15.5億元和1.5億元。售價下跌但固定成本不變，結果便是盈利消失殆半。

旅遊和零售若出現倒退，商場租務和百業之母的銀行當然亦受波及。失業率隨時上升，物業價格依舊能一路長紅？

金融海嘯以降，本地物業價格一路高歌猛進，除長期的低息環境和缺乏供應外，另一原因便是得益於旅遊和零售業的暢旺，讓本地居民收入上升，支撐樓市。物業價格或因各種原因未必大跌。但對未置業者來說，現在一定不會是置業的最佳時刻。

值得一提的是，聯儲局加息與否從來都只是看其本身需要。1994年本港樓市已見熱潮，惟美國卻因其自身需要而減息，結果替本地樓市火上加油。現在美國經濟強而本地經濟乍暖還寒，若聯儲局重啟加息，豈不是對本已高昂的樓價比對收入比例百上加斤？

相反，若人民幣進一步貶值，港元隨美元成為全球最強貨幣，到時便大約輪到本地物業投資者頭痕了。

內 地 資 金 班 師 回 朝

本地樓價走勢將調整，原因有三：其一，內地改革正進入「深水區」，市場流動性將進一步收緊。中資機構在市場供股集資愈來愈頻密，可見企業對資金的渴求。

企業將現金流負變正的過程需要時間，在內地政府已表明不會輕易放水的背景下，市場流動性只會進一步緊張，零星甚至一定規模的違約都不會讓人意外（就似2014年於邯鄲市的債務風波）。內地資金現佔本地樓市約兩成資本。善價而沽，出售本地物業班師回朝，大約是資金鏈緊張下的理性選擇。

其二，是強美元的回歸。金融海嘯後，美國的QE、中國的10萬億元新增貸款、歐羅區的LTRO（Long-term refinancing operation）、日本的安倍「三箭」，儘管名目各有不同，惟其底蘊都是量寬（開動印鈔機）。

美國進入量寬最早，但也最早退出。就在各國仍身陷泥沼之際，美國已退出QE並步入加息周期。強美元一方面令資金從新興市場回流美國；二是聯繫滙率下，強美元對本港的出口、旅遊、營商成本，以至資產價格，均會帶來負面影響。經濟前景打折扣，又適逢內地經濟增長放緩，此對物業價格，到底是利好，還是利淡因素？

其三，是美國加息周期開始。加息步伐的快慢，取決於美國的勞工市場。現在只4.9%的失業率，工資未來必然上漲。

市場上較少人談及的一點，是現在離二戰結束已近70年，嬰兒潮已逐步踏入退休期。在金融海嘯中退出市場的勞動力，並不會全部回歸勞工市場，是故美國工資上漲的速度，或許會較大部分人想像要來得快。工資上漲，物價必然上升，聯儲局亦必加息應對。

港息跟美息，按揭息率每上升1厘，每月供樓成本即增加約2000元（以一個600萬元單位、六成按揭、供30年計），每月數千元的開支增加，對高收入者或不是大事。但對不少做足九成按揭、收入只是中間水平、本身已有些吃力的年輕置業者來說，便不能說是一個小數目了。供樓成本上升和斷供壓力，會否讓市場上的二手供應重新上升？

資 產 不 可 能 只 升 不 跌

樓市和股市一樣，往往最後一段升幅最耀眼，讓最理智者亦難免蠢蠢欲動。但事後回看，此往往是泡沫即將爆破的最大明證。樓市又和股市不一樣，股市放盤，交易極快，是故頂部突出明顯。樓市的出價則可以相去甚遠，雙方僵持良久，成交稀疏，頂部出現亦不為人所覺。試問，經濟環境轉變，加息漸近，時間到底站在哪一邊？

無疑，有近六成物業已供斷，讓整體按揭水平不致過高。但近年新置業者動輒八九成按揭入市亦是事實，是故樓價雖不會崩塌，但從高峰下滑三成（兩年？三年？）亦非奇事。

古往今來，投資者最常犯的錯誤，便是認為「過去如此，將來亦必如此」。九七前樓價的連年上漲，讓港人相信樓價只升不跌的神話。金融海嘯前美國樓市連年上漲，連華爾街各大行的精英，也深信其高薪聘請的數學人才，所編寫的試算表不會出錯，滙控（00005）也進軍當地按揭市場。最終結果如何？當所有人都往錯的方向走去（樓價上升，不過是將錢借給本身買不起樓的人的虛假富貴），濺起的水花當然特別巨大。

四 大 支 柱 難 有 運 行
樓市股市回落，固然讓資產價格下跌，但還要看居民收入。本港四大支柱行業，股市不振，金融大抵很難有運行；旅遊和零售與內地經濟息息相關，大抵也要很努力。物流？香港港口的貨櫃吞吐量，已於2015年跌至全球第五。

通縮風險外，全球央行也不似2008年時有多種方法刺激經濟。通縮環境預料將一直持續（如2001至2003年）。

2016年6月，恒指、國指的市盈率只有8倍、6倍，即經營8年和6年便能回本。但盈利看跌下，你又認為當前估值是否吸引？

只要企業盈利下跌兩成，相關比率便會升至10倍和7.5倍。企業不單經營困難，在通縮和出口疲弱下，人民幣是否真面臨貶值壓力？一眾中資企業的港元盈利，會否因此而下跌？中港股市眼前的疲莫能興，當然不能以一句「內地經濟放緩」來解釋這麼簡單。

估值並不是靜態而是動態的。若預期通縮讓企業盈利持續下滑，8倍市盈率也不一定代表便宜；因盈利下跌將令估值上升，重新提供下跌「空間」。恒指或從現水平下跌三分之一甚或以上，才會見真正底部。

投資主軸　深化改革

自2001年始，中港股市的投資主軸，便已從中國入世成為世界工廠，到2005年人民幣升值帶動中資金融股崛起，到2009年開始的資產泡沫遊戲，再到現在的深化改革（中外資金融通、互聯網、環境治理等）。

中國企業並不欠缺創意，亦不欠缺競爭力。內地的科網企業把外資打得落花流水（如淘寶擊敗eBay），又如家電企業把外國品牌殺下馬來（如海爾和蘇寧打敗Sony和Best Buy等）。欠缺的，只是市場。只有適度地對某些壟斷行業進行開放，才能為相關行業注入創新，並讓國企也必須提高自身競爭力。

國企改革的速度，將與經濟轉型速度成正比。中國股市如要似美股般能接連創出新高，鼓勵企業創新（如每幾年多一家Google或多一項革命性技術已不得了），為經濟持續注入活力是唯一的方法。

除環境治理外，另一主軸即為科技創新。能和Line與WhatsApp在國際市場上一爭長短的，即為國產的WeChat；更不要說，阿里巴巴經過15年的努力，一躍成為全球其中一家最大的科網企業。

退一萬步說，即使一眾新經濟股份未能「泵起」整個中國經濟，但亦絲毫無損其投資價值。日本經濟迷失了20年，日經指數較高位仍相去近半。但一眾優質股份，如軟銀（Softbank）和朝日啤酒（Asahi），早已不斷創出新高了。

現在的中國就像2010年時的美國，經濟最困難的時期已過，並往新的方面發展，只是大部分人仍不相信。新經濟企業正走上正軌，為經濟注入活力，並讓舊經濟股份（A股的主要組成部分）重回升軌。堅持改革下，未來產生的紅利只會愈多，而相關的「新經濟」股份亦將成為此一周期的領頭羊。

中國經濟從青年到成年的快速增長期你或已錯過，但只要改革能堅持，應該還有一段從成年走向壯年的中高速增長期。

CHAPTER

2.0

轉向投資世界

市場上已有愈來愈多人相信，

經歷2016年1、2月的大跌後，

全球央行似是達成秘密協議，

以貨幣政策來挽救股市。

2·1

滙率從來都是相互影響。若無別國央行配合，美國聯儲局一意孤行亦無用。日本央行行長黑田東彥2013年一上台，便宣布買債計劃（QE），其時適逢美國結束QE。當時便有評論指出，日央行乃配合聯儲局行動，用弱日圓（印銀紙買債使日圓走弱）來撐起結束買債的美元。作為受美國軍事保護的主要盟友，日央行配合美央行而行，當然並非不合情理。

在可見將來，全球央行仍將合力救市，直至吃不消為止（如日本政府已表示關注強日圓）。

市場原預期美國2014年加第一次息，美元滙價自2014年中急升，從80升至100水平，便是因為市場相信美國將退出QE，啟動加息，實現利率正常化。但結果拖至2015年末才加；市場原預期聯儲局2016年將加息3至4次，美滙指數率先搶高，升至100的近10年高位。但現在市場降低預期至2016年只會加一至兩次。

不加息當然不止有暫緩收緊銀根作用，更重要的是，因加息憧憬而上漲的美元，將因暫緩加息而走弱。2016年市場三大風險——商品價格下跌、內地資金外流和盈利增長放慢，前兩者均和美元滙價有關。是故救市最簡單方法，便是讓美元轉弱。

央行續救市

弱美元不單有助「浮起」商品價格（讓一眾油企、新能源企業不用破產，銀行壞賬也不會急升），且人民幣不再貶值，內地資金外流速度亦將放慢。本港經濟，也因此有望能暫舒一口氣。對中港投資者而言，弱美元亦往往對股市有利。不但香港競爭力上升，內地出口也因人民幣隨美元走弱而受惠。且內地企業的港元盈利，也不會因強美元而減少（同等的人民幣收入，因美元上升，而只能兌回較少的港元入賬）。

環 球 通 縮 局 勢 已 成

聯儲局放慢加息步伐的底因，便是環球通縮風險和經濟復甦不穩。無論CPI（Consumer Price Index）或PCE（Personal consumption expenditures）眼前數字高低，全球陷入長期通縮，或至少反通脹的形勢已成。

統計數字的缺陷，在於其只能反映量，而無法反映質。同一產品，兩年後以稍高價錢，但更佳質素推出市場，這到底是通脹，還是通縮？20年前只能作通話的大哥大手提電話，售價一、兩萬元，現在通話質量更好、且功能遠勝的iPhone，售價也不過六七千。賬面價格下跌了一半。加上質量，手機在過去20年其實已跌價七八成（電腦產品亦復如是）。

產品不許加價，質素卻要不斷上升，企業只好投放大量資源於科研，一是努力提升產品質素，二是降低生產成本。大量的研發開支本會拖累盈利，哪為何過去十餘年企業盈利連年遞升？

答案是全球經濟先後有中美兩大火車頭帶動。油價在2001年中國入世前只20美元一桶，現在中美兩個經濟體皆無復當年勇，油價重回20美元，又有何出奇？在全球經濟找到新增長動力之前，物價大約將依舊疲不能興。

需求以外，科技發展太快，亦是通脹難以重現的另一要素。美國頁岩氣開採技術成熟，每天為全球帶來額外200萬桶石油。電動車技術的關鍵是鋰電池，近年也愈加成熟。加上其他新能源供應，油價以至其他原材料還怎能企於高價？

互聯網令物價難上漲

互聯網普及同樣令物價難以上漲。網購固不待言，Uber和Airbnb的興起，背後代表的是「分享經濟學」的崛起。今試問，全球汽車的使用率是多少？只約4%，即使買了名貴房車，人們大多也只是上下班的時候才用（最多加上周末出遊）。Uber出現後，毋須買車，卻能隨時隨地得到高質素的名貴房車服務。車輛使用率上升，車價將上升還是下跌？

又如Airbnb。讓房間供應大增，人們出行不再限於訂購酒店，那麼房價將上升還是下跌？

科技及互聯網革命，讓絕大部分商品難以加價。現在人工智能AlphaGo戰勝人腦，是否代表服務業也將不能幸免？簡單的文書工作，「人工」較低的電腦也曉做，為何還要請多個人？若如此，工資又豈容易上漲？

全球經濟已一體化，歐洲、日本、中國以至大部分新興市場，都深受通縮、債務繁重、經濟放緩等威脅，大約只有美國是真正走出泥沼。若其他主要經濟體均陷蕭條，美國難道能獨自置身事外？阻風險於國門之外，助人自助，不過是理性且眼前唯一的選擇。

2:2

假若沒有QE，美國經濟早在2008年便已破產。美國到底是如何做到的？這令筆者想起許多年前看過的一本書*Winning Ugly*。

該書的作者名為基爾拔（Brad Gilbert），聽過嗎？未聽過毫不出奇，因為他最好的成績，也不過是登上世界排名第四位。他沒有強勁的正手或反手，擊球姿勢也不優美，但他卻能超過10年時間在全球男單排名頭十名以內。

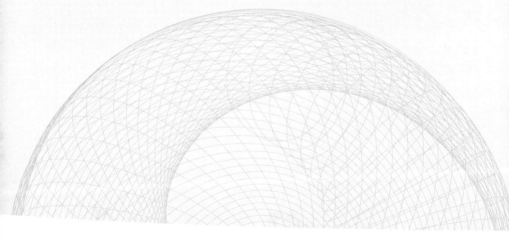

全球量寬是美國預設路線

他的絕招一是永不放棄，想盡辦法怎樣都要把球打回去。二是懂得用腦打球，賽前根據不同對手的特性，在腦海中先模擬比賽情形，作針對性部署。對不同的對手便用不同的策略，勢要對手跟着自己預設的劇本來打。

2009年3月，美國推出第一輪QE，一隻手掌當然拍不響，自己一家的「放水」也會成為眾矢之的。美國於是急須找尋同伴一起「放水」。歐盟嗎？人多意見多，不易有共識。日本嗎？好像興趣缺缺。最有可能也最合適的游說對象便是中國。

還記得2009年，其時的美國國務卿希拉莉和財長蓋特納來華時身段放得有多低嗎？蓋特納的一句「風雨同舟」至今讓人印象良深（其時恍似只有中國才能救資本主義）。

中 國 自 製 泡 沫

中國深受感動下，遂在自己經濟沒有大問題下推出中國版的QE，將M2（新增貨幣貸款增長）一下子推到近30%水平，平白無故的製造泡沫（加大自身槓桿）。相反，同期美國卻借着難得的低息環境，積極的減債去槓桿（中國則是負債水平屢創新高……）並努力的將一家家金融機構執好。然後加強對銀行業規管，防止金融危機重來。

到了2010年初，QE的亢奮效用漸去，市場其時關注的重點，已非走出危險期的美國，而是在美國低息下，孳息率顯得特別高的「歐豬諸國」。

在希臘快要破產之際，歐盟沒有辦法，惟有在2010年5月宣布推出一個總值7500億歐羅的救援計劃，成立歐洲金融穩定基金。美國看見歐洲按照自己心中的預設路線回球，一句 "Thank you very much"，便在同年8月（恍似回應歐洲般的）推出QE2。

美國能予取予攜的底因，一是她緊緊掌握着「發球權」——國際貨幣美元（怪不得中國要決心推動人民幣國際化了）。二是她對對手作深入了解，對各國的可能反應作出精準預測，把比賽帶往自己所想的方向發展。幾個回合下來，美國便成功借助別人的力量，解決了自己的難題。

此外，美國在推行量寬政策的途中，並沒有因眼前的低息環境而放軟手腳，而是尋求每個機會，找出經濟復甦的契機。美國經濟重新增長的動力，一是靠企業的努力創新，湧現了一批如Apple、Google、Facebook等的互聯網企業。二是頁岩氣技術的革命，讓整個經濟的能源成本大幅下降，也使美國從此在能源供應上自給自足，毋須仰他國鼻息。

「頁岩氣革命」降能源成本

《華爾街日報》在2014年報道，美國打破原油出口限制，准許一艘載近4000萬美元原油的郵輪駛往韓國，是四十多年來的首次，之後還有原油出口往日本。

印象當中，美國不是「洗腳唔抹腳」的高耗油國家嗎？連自己都不夠用，又怎能出口原油往他國呢？答案是水力壓裂開採法（Hydraulic Fracturing）。恒久以來，科學家知道美國地底蘊藏了不少天然氣（頁岩氣），但苦於欠缺一個可靠而又安全的開採方法。水力壓裂法技術即針對此困難而來，經過反覆試驗後，終於在1998年取得首次成功。

既然在上世紀已試驗成功，為何到近年才大力推廣？答案是金融海嘯以前，經濟好到可以盡情入口能源，又何需費力尋找新能源？到經濟出現大問題時，其自我癒合的能力便馬上發揮作用，為經濟找到新的增長點。

自近年大力推廣頁岩氣後（稱為頁岩氣革命），美國已取代俄羅斯，成為全球最大的天然氣生產國。國際能源總署更認為，美國將同時於2020年成為全球最大的原油生產國。美國的能源能自給自足，毋須仰他國鼻息。與此同時，大量能源供應使國際油價從歷史高位的140美元一桶，跌至2014年10月的80美元一桶。能源成本下降，當然有助美國經濟和其企業的盈利增長。

「頁岩氣革命」出自美國並不是巧合，對上的科網革命，同樣是來自美國。美國經濟能持續有活力，不斷地開拓出新的道路，其底因在於其文化鼓勵創新和對私有產權的保護。中國對全球經濟有沒有過革命性的影響？金融海嘯前十餘年為全球成熟市場提供大量價廉物美的產品，讓全球經濟得享一個低通脹高增長的蜜月期，但那是通過低地價低勞動成本而成就的，與美國靠創新增長比較，你認為哪個更「型」更能持久？

在美國致力自身改革之際，各主要經濟體系仍猶如在夢中。中國一如既往的努力「催谷」經濟（唯恐力度不夠大），歐盟則長期在「放水」、「不放水」之間糾結；日本則繼續默默忍耐，「靜待」經濟復蘇。

在各國還在夢中未醒之際，美國早已完成三輪QE。

美國經濟已重回正軌、美股也創出了新高，原因不是「放水」，而是改革。「放水」能治標（買時間），改革才能治本。

QE 無法刺激經濟

8年實驗,已說明寬鬆貨幣政策只會帶來資產泡沫,落後產能不但沒有退出市場,反而增加。低息政策讓不少本來要破產的企業得以苟延殘喘,原本要被淘汰的企業得以留在市場,讓市場利潤被攤分,高效企業的利潤被攤薄,利潤率下滑。且低息環境下,鼓勵人們貸款投資,結果競爭不是以創意或效率分勝負,而是願意借錢便能獲利。

市場過度投資和槓桿,經濟慢慢從高增長轉向低增長(因經濟並非從需求而是由過度供應帶動),資金需求也日降(過度投資而回報率日降,低回報率和低利率之間的套息遊戲,終有完結的一天),結果是經濟被點穴,半死不活。市場上殭屍企業愈來愈多,這個遊戲到底還能玩多久?QE不會刺激經濟,甚至連通脹也刺激不了。

傳統教科書相信,利率是市場資金成本的真實反映,也為市場的無風險回報率(Risk-Free Rate)。市場無風險回報率愈高,股市估值便愈低(試想想若存款息率為100厘,世上還會有人買股票麼),反之亦然。是故低息環境浮起一切資產價格,看似理所必然。

可是,教科書沒教的是,資產價格估值不只和利率有關,也和增長率有關。有高收入支撐,高估值不一定是真的高;當低估值伴隨的是低收入增長,甚至負增長,低估值也不一定見得是真的低。

利率不漲，不等於泡沫不會爆破。資產價格建於泡沫浮沙之上，負債卻從來都很真實。只要任何一個泡沫爆破（如油價下跌），觸發的隨時是一大片的火燒連環船。資產泡沫吹得愈高，爆破時的威力便愈大。（2008年的崩塌，政府救得了，但假若現在再來一次呢？）

沒有人不知道泡沫的危險性，但金融海嘯以來，各國政府便從沒有停止過製造泡沫。任何經濟均逃不過盛衰循環，企業均避不開汰弱留強。衰退時強的把弱的吃掉，然後重組提升營運效率，經濟又慢慢重回增長。但現在只要經濟數字稍不理想，又或股市跌10%、20%，央行便馬上說願意加碼（歐日央行）或考慮寬鬆措施（美國聯儲局）。誰願放棄短期而着重長遠利益，你以為個個都是「雪茄伏」？市場並不是脆弱到一次似樣調整也受不了，只是QE有助暫緩衰退，有助連任。那麼，愈滾愈大的資產泡沫、燙手山芋，便留待下任政府去頭痛好了。

泡沫最終都會爆破，但無人能預測到底會在何時爆破。新經濟股份最終都會改變世界，但無人能預測當中的過程會如何。

2.3 —— 浴火重生 還看創新

歐洲猶如在夢中，中日卻已夢醒，並推行新的經濟政策。

2012年底，日本推出「安倍三箭」，希望通過弱日圓和積極的財政政策來刺激經濟。日經平均指數從當時的8000多點，一直升至2016年8月的16000多點的水平，日本股市的歷史高位在約40000點，至今離頂仍近六成。

日本股市的中長期表現，最重要是看經濟會不會改革，企業能不能創新。日本經濟多年積弱的底因並非強日圓，而是一眾電子企業無法像上世紀八九十年代般領導潮流。在日本經濟表現出明顯的改革和創新之前，現水平的日股已不值得特別看好。

南韓品牌三星、LG在國際市場上趕過Sony 和Panasonic已有近十年，其開端便是通過大力開發LED顯示屏技術，而將當時的電視機王者Sony趕下寶座。「安倍三箭」始終無法助Sony在國際舞台上打敗三星。高端產品的競爭主要取決於產品的質量和消費者的體驗，外力的幫助始終及不上自身的改革。

1997年時，南韓的GDP（約5100億美元）約是香港的3倍，至2014年，已拉闊到近5倍。在香港仍是「塘水滾塘魚」般熱炒金融地產的時候，南韓已憑創新走上另一台階。不論是科技創新，又或是「內容」創新。

上世紀九十年代港產片的黃金歲月，因南韓觀眾太喜歡張國榮的揸槍造型，結果喜劇片《家有喜事》在南韓上映時，竟然要硬加一段完全無關、約8分鐘的槍戰戲。但現在執亞洲影藝事業牛耳的，卻是南韓的創意工業，不單綜藝節目引來仿效，一套《來自星星的你》更是風靡整個東亞。韓日共同開發的軟件Line，也是全球最多人使用的即時通訊軟件之一。

而美股長升長有的底因，也在於其鼓勵創新，讓經濟有極強的自我修復能力，在每一次低谷後再次浴火重生。

美 股 屢 創 新 高 的 底 蘊

道指從上世紀初的66點，一直升至現在的18000點水平。美股能在過去100年屢創新高，靠的便是江山代有股王者。以上世紀八十年代的IBM、沃爾瑪（Walmart），到九十年代的微軟、可口可樂，到2008年前的高盛、花旗，及至之後的蘋果及一眾科網股份。經濟轉型不是一句口號，只有市場內具競爭力的企業愈來愈多，新的牛市才會誕生。

《美元，不得已的避險天堂》（*The Dollar Trap*）一書論述，歷史上日圓、歐羅先後挑戰美元的霸主地位，然而皆鎩羽而歸。每當環球出現政經危機時，投資者都是紛紛選擇擁抱美元。船堅炮利以外，更重要的是美國經濟無與倫比的自我復原能力。你認為現在的中國具備此能力了嗎？

現時國企指數，金融股比重幾達七成（你沒看錯，是七成）。相比之下，美國道指金融股比重只約兩成。2008年前固然是金融盛世，但現在到底是誰仍活在舊時夢中？金融強則國家強？日本貨橫掃世界時，靠的是豐田（Toyota）汽車、新力（Sony）電器。美股近年再創新高，靠的卻是科網、醫療、生物科技等股份。

國企指數金融股比重太高，反映的一是金融股（特別是銀行股）賺取了市場上絕大部分利潤。二是其他行業被吸乾吸淨，慢慢變得沒有活力。其他行業不振，難道銀行業能夠獨存（企業破產，銀行壞賬能不上升嗎？）欠缺活力的經濟，其股市的表現又如何會好？

內地經濟放緩固然會波及香港經濟，負利率及商品價格疲弱也會損害國際銀行盈利。且金融海嘯後，全世界均針對銀行，一是法規成本上漲，二是生意難做（現在開一個銀行戶口要費時幾許？），三則隨時有不測之風雲（罰款額隨時以十億美元計），銀行股盈利未來到底是看跌還是看升？

投資者不可不察的，是中港股市現是因弱美元而浮起估值和盈利，其基本因素實無重大變化，其中長線投資價值依然存疑（新經濟股份除外）。然而，倘若前景並不秀麗，單純的便宜又有何價值？

比方說，若其他條件一樣，你會招一個長期營養太好、已有點「三高」（經濟結構不理想、負債高、通縮）的肥仔做女婿，把自己最寶貴的資產（金錢？女兒？）託付給他？還是找個身體健康的？整體而言，到底是美股，還是中資股更具投資價值？

CHAPTER

3·0

新經濟勝「券」在握

每一個大牛市，都會有其主軸和領袖股份。1997年的固然是地產，2000年的當然是科網，2007年的便是中國經濟真正崛起。迷戀高峰已過的前股王固然不妥，漫無目的的在不同股份遊走也不會獲厚利。投資者唯一要做的，便是時刻思索經濟前路，找出下一類領袖股份。

「一帶一路」股份近來備受追捧，但其所經過的卻是全球最貧窮、政治最不穩定的地區之一。相關的鐵路基建股份，盈利到底能否連年遞升？偶爾的盈利改善並不構成「染藍」條件。相反，科網、環保、醫療等行業未來佔經濟比重，以及產生下一成分股的可能，又會否較其他行業為高？

沒有一個產業的增長能只升不跌。假若內銀的增長永遠高於GDP增長，那麼最終中國便只剩下銀行業。即使強如網購，其高速增長最終也會有放緩的一刻。投資者須時刻在意行業和企業的起落變化。

平民資本家較企業資本家的一大優勢，在於可在企業出現經營不善或增長放慢時輕易「換馬」，尋找並轉而下注另一隻「千里馬」。經濟增長主軸變更，往往正是「換馬」的最佳時刻！

3.1

彼得林治（Peter Lynch）陪太太逛超市，從而發掘出10倍（股價升幅）股沃爾瑪，常引為投資美談。30年過去了，投資者不一定要陪太太逛超市，但投資機遇，依舊潛藏在生活細節當中。

大部分人只有一份工作，真的嗎？有沒有試過，上班時偷偷的上Facebook？又或不期然的看看，手機有沒有新的WhatsApp短訊？定時看Instagram有沒有更新，大約是八九十後的「例行公事」吧！身在辦公室，心在Facebook（三者皆屬Facebook Inc所有）？

即使是日常工作，你又有沒有在辦公室用過Gmail、Google日曆和其雲端試算表？20年前，人們多用電視機送晚飯。現在舉目所見，辦公室內用YouTube送午餐者亦不少。人們每天到底是在替其公司，還是替Google和Facebook打工？文職多是5天工作，但和Google和Facebook「打工」卻是每星期七日，年中無休。

衣 食 住 行 全 覆 蓋

內地科網發展更迅速，應用已深入生活各個領域。不若借老友阿黃(對對對，便是那位曾在拙作*It's the profit, stupid*出場，說明生意人（投資者）應看重的，從來都是Bottom Line（盈利），而非Top Line（營業額）的酒吧老闆)在內地的一天生活來闡釋之。

便利帶來革命

阿黃現在是中港商人，在上海有辦事處，常常中港兩邊走。早上回到公司不久，同事便報告因業務發展太快，原來的伺服器已不敷應用，常常死機，怎麼辦？購置新的硬件？同事說，不如試一下雲端服務（Cloud Computing）吧！

中小企（儘管在外國，如蘋果公司等巨企也會使用雲端服務）分別購買硬件，成本總較單一企業大量採購為高，且需求從來都難以預測。還記得四年前香港小姐競選，太多網民同時登入令TVB（00511）伺服器死機嗎？若配置太低，將無法應付突發需求；若配置太高，則平常使用率太低。雲端服務可隨時加大處理量，應付突發需求。且此服務在內地仍屬起步階段，不少雲企業去年錄得以倍計，甚至數倍計增長。

辦理完雲端事務，阿黃讓助手訂下周往台北出差的機票和酒店。港人外遊多是往旅行社或航空公司網站訂購，但內地民眾卻喜歡往旅遊網站。不要以為是一些只得個「平」字的劣質網站，其實當中不少已在美國上市，獲國際投資者入股，部分市值更達千億元之巨。旅遊網站上的價格可以多便宜？上海至洛杉磯的來回機票，3000多元便能成行。澳門五星級酒店，最低的只要400多元一晚。便宜如斯，內地民眾外遊又豈有不上網訂購之理。

團購模式香港遠遠落後

中午肚餓了，阿黃外出用膳。香港的餐飲團購，儘管有一定折扣，惟相關的使用限制也不少，如只能在非繁忙時間使用、吃到的份量和平時不一樣，還要先在網上列印餐券；且熱門的項目可能很快售罄，冷門的又可能千等百等最後卻不成團。

阿黃在內地外出用膳，一般都不用事前上網準備，而是在酒醉飯飽後，才施施然上團購網站如美團或大眾點評網，看看有沒有相關優惠資訊。除一部分走高檔路線的餐廳沒參與外，其餘的大多都會提供不同程度的優惠。

大眾點評網和美團2015年宣布合併，兩者佔內地團購市場近八成，市場對新公司的估值已達150億美元。

至於使用方法更是方便得出奇。例如賬單是550元人民幣，先在網上找到優惠（如80元人民幣買100元人民幣的現金券），然後用支付軟件如支付寶或微信支付作購買，再繳付餘額便可。並不需要事前費神、也不用一定要趕在某時某刻前使用，更避免了事前買多了要多叫食物的浪費。

假如下大雨，怎辦？上外賣網站便可，單是一條南京西路便有六十多家店可供選擇。要自備零錢嗎？不用的。手機支付多零碎也能繳付。

支 付 系 統 有 錢 途

支付寶和微信支付有何不同，兩者比較誰佳？其實兩者都是十分流行的支付軟件。支付寶藉淘寶普及，成為網購的主要支付工具；微信支付的好處，在於連接微信，對方的賬號已在通訊錄上，不用再另外垂詢（食完飯夾錢，動動手指便可）。

第三方支付系統是真正的寶藏。Paypal 2015年市值約400億美元（於2015年7月上市），誰會是中國的Paypal？還是會兩分天下？

晚上阿黃約友儕飯局，訂座私房菜館。在網上找到電話，致電卻沒人接聽。但不一會兒，卻在微信收到幾張菜式和餐牌照片，下款留言——請訂座。將照片轉發往群組，朋友各自點了喜歡的菜式，又將對話轉發回餐廳作預留，然後確定時間和人數，訂座便完成了。通訊軟件原來不只用於聊天（C2C），也可作商用（B2C）的。

吃飽，飯氣攻心，上網購網站閒逛一下，看看今天有什麼打折的。在歐美，產品的線上線下價格可能相差不遠，在內地則可以相差很大，動輒數十巴仙甚至上倍。歐美傳統零售渠道已經很成熟，人們早已習慣往商場購物（香港亦如是），網購不過是一道甜品。內地近年才「富起來」，消費模式、慣性還未建立，更便宜更省時的網購自然大行其道。

在內地，一般生活必需品都能在網上買到，淘寶和天貓更是佔據了網購的絕大部分市場。網購當然不只因價錢便宜，花時間往超市買米買油等生活用品，然後身水身汗抬回家，不但費力，更是費時。不如一次過上網訂購，讓專人在指定時間送到家中更方便。往商場購物，還是留待食飯睇戲時才去吧！

網購是近年最熱門的投資主題之一，說到底，便是因工資增長甚快。整體零售增長約一成，而價格更便宜、選擇更多的網購則增長近三成。且內地網購不止於本地商戶，海外網購（海淘）也在急速崛起，除較著名的聚美外，洋碼頭和小紅帽也是較多人使用的海淘網站。

互 聯 網 租 車　顛 覆 傳 統

「行」方面，滴滴出行近日再將主要對手優步（Uber）中國吞併，預計市場佔有率將進一步上升至95%，正式一統天下。自此滴滴出行不用再分心應付對手，可專心一致革的士行業的命了。

互聯網租車能迅速發展，除借助互聯網和GPS技術的普及外，更重要的催化劑當然是已被抑壓多年的強大需求。全世界曾乘搭的士的人，大概都有等車時間長、司機態度差、濫收車資、不接受電子貨幣（一旦普及，「貼士」便沒有了）等經驗。2008年巴黎的某個雪夜，年輕的Travis Kalanick在街上等了又等，卻依然截不到的士。雪愈下愈大，看不到終點的等待，更是讓人不耐。這結果成為了Travis創辦Uber的契機。

傳統的士需要用特製的計程器跳錶收費，Uber卻是直接用GPS系統測算行車距離計費。傳統的士需要自備現金（500元紙幣往往不受歡迎），Uber卻是直接從信用卡中扣款。繁忙時段，傳統的士可能等上半天也沒一輛，但Uber卻能看着那輛黑色小車慢慢向你駛近。

不過，阿黃回港度周末，卻選擇打開拼車（不是叫車）App，看看有沒有人能送他往機場。叫車是請司機來接你，全費價格。拼車是看看有沒有人能順道載你一程，費用減半。車主能賺回油錢，乘客也能節省更多。阿黃發誓，他絕對沒有故意挑照片漂亮的年輕女司機的車才坐！

出 租 住 宿 新 選 擇

需求會帶來供應，為消費者帶來新選擇，近兩年急速流行起來的出租住宿網站Airbnb也是一例。

你可以在Airbnb，找到全球多地出租房屋的資訊（租房或租屋皆有），當中包括了住宿資訊、房東資料、顧客評價等。不但住宿供應較酒店為多，且價格也普遍較便宜。

住進陌生人家中，或讓陌生人住進家中，會否很危險？筆者的經驗是，前往國民水平普遍較高的地區，如西歐、日本等，Airbnb可以是相當不錯的選擇。

友儕早前往瑞士滑雪，6個人住在2000多呎的瑞士小屋，每晚才不過2000多元。而且，Airbnb的出租戶已漸趨商業化，服務水平日高。當日租所帶來的收入要較月租為高，專業的日租住宿便會出現（相信所有網上平台公司均會經歷此過程）。

Airbnb在2008年成立，7年下來，已在全球190個國家、3400個城市，擁有3560萬個用戶。2015年市場估值逾200億美元，已遠遠拋離知名酒店品牌如StarWood（市值約120億美元）和Hyatt（70億美元）等。

3·2

科網改變了人類的生活方式，從搜尋器、社交網站、網購、網上支付、到大數據，如今是人工智能。人腦電腦的圍棋大戰，看過棋譜後，感覺大約只有巔峰時期的吳清源先生或李昌鎬才能卻之，但絕大部分人仍未意識到其將深遠地改變世界。

人 工 智 能 融 入 生 活

1997年，超級電腦深藍（DeepBlue）擊敗國際象棋世界冠軍卡斯帕洛夫（Garry Kasparov），可算是迄今為止電腦向人腦挑戰的最經典一役。可是深藍的棋步，斧鑿太深，毫無半點「人味」，一看便知是電腦在下棋。人工智能電腦AlphaGo向圍棋世界冠軍李世乭挑戰，並以4：1獲勝。且其棋步甚有「人味」，在對戰中屢有出人意料的招法。

AlphaGo此次戰勝人腦，其實質意義要較深藍那次大得多。一是圍棋的變化達10的360次方，遠較國際象棋的10的123次方複雜，說明電腦已能作更複雜的思考；二是AlphaGo和深藍，根本不是在同一層次上思考。深藍用的是傳統的程式編碼，在短時間內計算各種各樣的可能性。國際象棋愈下愈少，對擁有強大計算能力的深藍極為有利。但它從來都不懂得總結經驗，讓自己變得更強，更不要說自創棋步。

AI與5G改變世界

圍棋卻是愈下愈多，中盤以後，更是牽一髮動全身，千頭萬緒。AlphaGo行的不是一般的電腦編碼，而是深層學習（Deep Learning）。程式本身便設計為可自行學習和處理問題，嘗試模仿人類神經系統的運作，將收到的資訊，逐層地交給更高的人工神經系統來處理，最後找出最佳的落子點。AlphaGo的思考模式更接近人類。

人工智能（Artificial Intelligence, AI）並非突然從天而降，其應用其實早已融入日常生活當中。人們每天都使用搜尋器，如何能作出最合乎你心意的搜尋排序結果？人工智能會懂得根據你過往的字眼來推測。又譬如人們每天都會收到電郵，如何能阻擋垃圾郵件？人工智能會替你阻擋超過九成的垃圾郵件。網上訂機票後，航空公司發出確認電郵，然後你的網上日曆會自動顯示出有關行程，並在網上出現不少有關當地的住宿廣告。這是為何？人工智能也！

友人打算向同居女友求婚。籌備至一半時，女友突然笑眯眯地問道：「你是否打算向我求婚？」友人十萬個尷尬地問為何會知道？女友曰：「因為這幾天電腦上不斷出現求婚戒指的廣告……」

無 人 車 普 及 可 期

人們多認為無人車乃有關網上地圖認路事宜，其實不然。無人車技術的關鍵，其實是圖譜認知技術。經過數百萬公里的行走，人工智能分辨出這個那個交通指示，這個是人，那個是狗，這棵是樹等等。

人工智能是指一個可以觀察周遭環境，並作出行動，以達致目標的系統。人工智能的核心操作包括推理、知識、規劃、學習、交流、感知、移動和操作物體等。無人車技術，便是通過大量公路行走累積經驗，認知範圍愈廣、經驗愈豐富，誤判便愈少，發生交通事故的機會便愈低。

假若網絡不穩定，又或傳輸量跟不上（每逢塞車，網速皆甚慢，便是因人人都在用手機上網打發時間），無人車根本不可行。

5G的來臨，便可解決此問題。5G是新一代的通訊標準，傳輸速度為4G的100倍。假若現在手機下載一部高畫質的電影要10分鐘，在5G世代可能只需5秒鐘。在家中用Wi-Fi上網看電視劇，看到一半突然變為低畫質？如此大煞風景的事，在5G世代將不復出現。

在5G世代，無人車、無人機運貨等將大為普及。這將會為汽車（無人車廠商，大約便似網購蠶食實體店市場份額般，分享傳統車廠的收入）和運輸行業帶來翻天覆地的變革。未來的焦點更可能不只在無人車，環保意識日漲，新能源無人車大約才是真命天子。

3·3

亞馬遜（Amazon）股價屢創新高，答案在於它從來只以顧客利益為優先考慮，並以此擴大規模。以亞馬遜在網購、電子書和雲端服務的領先優勢，要獲利應不難。但近年仍處微賺微虧狀態，相信並非不能獲利，而是刻意為之，等待更佳的盈利啟動時刻。只要決定開始賺錢，大約很快便能獲厚利。

1994年成立的亞馬遜，其創辦人貝索斯（Jeff Bezos）原是金融機構高層，在接觸到剛出現不久的互聯網後，為其巨大潛力深深吸引，遂決定辭職投身網絡大潮。網店該賣什麼好呢？千思萬想後，貝索斯發現最佳的選擇原來是書。書便是書，從甲店或乙店買到的都是一樣，客人不必擔心會買到質量或款式不同的產品。

從書本開始，亞馬遜逐漸將銷售目錄增加至其他無差異產品，如CD、VCD、玩具、五金和體育用品等。隨業務迅速發展，公司於1997年上市，剛好踏上科網泡沫，讓股價急速上漲（最高升至近107美元一股，在1999年底），也差點在泡沫爆破後沒頂（跌至只有6美元，在2001年911後不久）。亞馬遜幸而沒有沒頂，仍是默默的發展其網購業務（幾乎不做廣告），並在2007年推出電子書Kindle，其雲端服務AWS（Amazon Web Services）近年也漸入收成期，股價遂屢創新高，2016年7月升至740美元。

亞馬遜：不賺錢卻深具投資價值

亞馬遜並不是網上賣書的第一家，網店更是千千萬萬，為何亞馬遜能跑出？答案是其堅持顧客至上，從來只以顧客利益為優先考慮，並以此擴大規模。賺錢？那是將來的事（2000年便虧了10億美元）。

重成本控制讓顧客少花錢

貝索斯有言：「這世上有兩種公司：一種致力讓顧客掏更多錢，另一種則是讓顧客花得更少。我們是後者。」為了回饋顧客，亞馬遜着重成本控制。員工出差，只能坐經濟艙，住酒店也只能兩人一間房。公司停車場的費用？自己付。從出版社取書，價格大約是書店零售價的一半，亞馬遜的網上書店價格怎麼定？便定在不會嚴重虧損的價位好了！

顧客至上當然不只見於價格，也見於用戶體驗。在網上購物，每次都要輸入一大串的個人資料（如收件人姓名、地址、信用卡資料等），亞馬遜遂創出一鍵下單（One Click）方便顧客。現在許多網店均有的「購買此書的顧客，也買了以下的書」和「或許你也會喜歡」行目，便是最先在亞馬遜出現（稱為「類聚」，Similarities）。

面對二手書的價格競爭怎麼辦？

亞馬遜於2000年秋天推出網絡市集（Marketplace），讓顧客買到更便宜的二手書。亞馬遜向賣家抽取佣金，並學習研究為何別人能賣得這麼便宜。

網上買書的好處是價錢便宜，壞處是不知多久才能收到。亞馬遜剛開業的時候，顧客平均等候時間是兩星期，有時甚至超過一個月。隨着規模愈大，物流問題顯得日益重要。每次感恩節購物旺季過後，整個物流系統的員工均會累得近乎虛脫。至2000 年，貝索斯下定決心要解決物流問題。

現在亞馬遜的物流中心，並非叫作物流中心，而是稱為履行中心（Fulfillment Center）。因為它不是各中心各自為政，自行處理就近訂單的倉庫，而是由總部或地區分部統一協調，按最大出貨成效作估算，來履行指示的發貨中心。

4 小 時 出 貨　　對 手 難 望 項 背
亞馬遜是在物流業推行「六標準差」（six sigma）的先驅，其核心理念為統一物流程序、減少浪費，以及建立流暢系統。

一般電子商務的標準出貨時間是12小時，而現在亞馬遜大部份貨品只需4小時便能出貨。其於全球已有近110個履行中心，服務185個國家。單是在美國，每天發送的包裹便已近350萬個，大部分本國訂單，在3天內便能送達。其最新一代（第八代）履行中心，將行使機械人系統Kiva Systems，預期效率較現在還要再提升一倍，並推出無人機快遞服務，在訂貨後30分鐘內便可送到……強大的物流系統讓對手難望項背。

亞馬遜的電子書產品Kindle，又是另一個為消費者創造價值的故事。2004年iPod 橫掃全球音樂市場，嚇了貝索斯一大跳。他從沒想過，iPod顛覆唱片業的速度，會是這麼快。這讓他決心早點推出電子書業務。亞馬遜要在數碼時代立足，就像蘋果公司主宰音樂市場一樣。亞馬遜要成為電子書的龍頭。

在此之前，已有不少企業（如Sony）推出過電子書，但卻始終沒流行起來。相較電子閱讀器的開發，更難的是讓電子書目增加。按照貝索斯的目標，最少也要達10萬種以上，並包括《紐約時報》暢銷榜上90%的書。

要建立電子書城，亞馬遜決定對其長期合作夥伴——出版商——軟硬兼施。軟的是不用再印刷、付運，出版成本將下降。硬的是如不合作，便會將該出版社的書籍從推薦系統中下架。

2007年11月19日，亞馬遜向外公布，Kindle售價399美元，可供應的電子書目近10萬種。但這些均非重點。重點是，《紐約時報》上的暢銷書和新書的Kindle版，只需9.99美元便可入手，信奉客戶至上的亞馬遜，不但革了書店的命，也革了出版商的命（雖然同時讓自己也無利可圖）。Kindle現在已出至第七代，售價也降至99美元，但這又有什麼所謂呢？市場預期，Kindle的電子書業務收益，2015年將超過50億美元。

亞馬遜到底是零售商，還是科網企業？Kindle以外，這更要看AWS(雲端服務)的發展。

AWS業務主要是銷售網絡基礎服務，如儲存空間、基本運算等。亞馬遜推出雲端服務或許是無意（主要便是在銷售淡季把多餘的伺服器空間出租），但其低價策略卻絕對是刻意。2006年剛推出時，管理層建議定價為每小時15美分，便肯定不會虧本，貝索斯卻將價格定為每小時10美分，結果AWS大受歡迎。雲端服務現在每年利潤不過十數億美元，但已獲市場視為未來增長所在，並給予其過千億美元的估值。

市 值 超 越 Walmart

事事以顧客為先，那麼投資者到底能否獲益？

亞馬遜以客戶利益為先，讓其深受消費者喜愛，2014年營業額便高達
900億美元。亞馬遜同時深受投資者熱愛，2015年市值高達3000億美
元，超越沃爾瑪（Walmart，市值約1800億美元），成為全球最大的零
售企業。至2016年7月，其股價一年內上漲超過四成。上升的動力何來？
來自投資者深信其最終會賺大錢。

大部分科網企業的發展軌跡，總是在初期不求利潤，只求快速擴大市場
份額。待規模夠大，消費者已難以叛逃，才開始收費，並進入獲利以至
暴利模式。

那麼亞馬遜是否值得投資？這令筆者想起貝索斯決定要否創業時所說的
一番話：「我知道當我80歲時，不會責怪自己選擇在1994年中離開華爾
街，放棄年底即將到手的花紅。在你80歲時，這些真的不重要。然而，
如果我知道網絡革命即將到來，但我卻錯過了這波浪潮，必將後悔莫
及⋯⋯這麼一想，我便豁然開朗，知道該怎樣做決定了。」

3·4

2016年2月1日，Google的母公司Alphabet在收市後公布2015年業績，優於市場預期，讓其盤後股價急升，至806美元。至此，Alphabet市值達5550億美元，超越Apple的5330億美元，成為全球市值最大的企業。

Google到底是一家怎樣的企業？它為何要改變？其增長神話又會否因成為全球最大而放慢？

「To improve is to change; to be perfect is to change often.」邱吉爾如是說。Google原是一家網絡廣告公司，於2015年8月宣布改組，成立母公司Alphabet，將Google等互聯網有關業務置於旗下，將其他與互聯網無關的業務歸類為「other bets」，組成全新架構。

改變一般可分為兩種，一種是原有業務的日臻完善，另一種便是在新領域創一片天。原有業務，不論是Google搜尋器、還是YouTube，其實都是踏在網絡廣告取代傳統廣告的大浪上。現時全球傳統媒體佔廣告市場近七成，網絡媒體佔三成。然而人們的投放時間卻相反。二十一世紀人們已不太看電視，人們花在網上媒體的時間佔七成，花在傳統媒體的時間卻只有三成。互聯網取代傳統的趨勢一日未完結，網絡廣告之首的Google增長神話就不會終結。

Google：永不停步

2015年第四季，Google營業額達212億美元，按年增長15%，溢利80億美元，按年增長27%。誰說大象不能跳舞？

「other bets」業務包括Google X、Google Filter、Google Capital、Google Ventures等，覆蓋無人車、新能源、醫療和人工智能等領域。相關業務2015年第四季營業額僅1.5億美元，虧損卻達11億美元，大抵是新業務前期投資較大。當中無人車項目最受注目。

至2015年底，Google無人車的道路測試里數已突破200萬公里，且只出過數起較輕微事故。2014年時，Google 曾宣布希望無人車在5年內投入商用市場，但這一天可能會更快到來。近日美國國家公路交通安全管理局（NHTSA）表示，無人車的電腦系統，應被視為該車的司機。市場理解為，這是無人車在法規限制上的一大突破，有助其更早推出市場。

Google為何要成立母公司Alphabet？是為了要顯示其變革的決心。Alphabet即字母表，代表着人類最重要的發明之一——語言，亦即Google 搜尋器的核心（顯示管理層並不忘本，決心在固有業務更上一層樓）。Alphabet也可理解為Alpha-bet，即優於基準的投資回報（要優於同儕，惟有靠創新），「這也是我們一直以來奮鬥的目標。」佩奇（Larry Page）如是説。

佩奇是誰？他便是18年前和布林 (Sergey Brin)一起創辦Google的那個小伙子，也是現在Alphabet的CEO。

Alphabet的CEO佩奇（Larry Page）

Google這麼多年來的變革，許多皆從佩奇而來。現在許多第一代科網股的創辦人，均年逾或年近六十，但佩奇和布林現在才四十出頭（正是精力和創意皆處高峰的好年華）。未來20年，大約只有Facebook的朱克伯格（32歲）才能與之爭鋒。

佩奇從不會較易滿足於現狀。2002年，兩個小伙子發現自己長於程式設計，卻不擅長於公司營運，便從外挖角年紀可當其父親的施密特（Schmidt）回來，當Google的董事長和CEO。待施密特於2011年退休後，過了幾年，兩人又驚覺公司發展太快，去年便又從摩根士丹利，請來善於財務管理的Ruth Porat來當CFO，重組架構，控制支出，減少浪費投資，並開始史無前例的50億美元回購。Google的一切變革，皆源於創辦人對不斷進步的癡迷。

從很多方面來說，佩奇並不是傳統的CEO，他自2013年以後便沒有參與過公司業績的電話會議。他的工作更不是手把手的去參與日常營運，而是決定把Google的數十億美元利潤投到哪些新項目上，以及為每一個項目找到一個合適的CEO，並決定他們的薪水。

舉例說，Google的日常管理，已交給新CEO Sundar Pichai。而他的工作，便是保持網絡廣告成長，以及公司在人工智能和虛擬實境等領域的持續創新。至於無人車、預防癌症，以及再生能源等領域，便留待其他部門的CEO努力了。

讓 人 們 生 活 更 美 好

佩奇對哪些領域有興趣？他從來只對能改變世界，且讓人們生活愈來愈好的項目有興趣。從Google到Alphabet，每一個項目，都是在顛覆原有的世界，並讓人們能過上更便利的生活。

如Google搜尋器的誕生，便是立足在網絡廣告取代傳統廣告的趨勢上，拉近世界的距離，現在Google已成為全球最為著名的網頁了（相關的Gmail、Google Map和Google Earth皆由此進）。YouTube呢？其取代的是傳統電視行業，在顯示器技術愈益發達的現代，在電視或電腦又或手機觀看節目又有多大不同？且網絡廣告漸多之下，製作方也漸願意將節目放上互聯網播放。網絡取代電視，勢不可擋。

Google Drive取代的是傳統辦公室軟件，以及發展雲端服務。無人車嘛，當然便是要顛覆整個汽車行業。看到Google從開始時的純搜尋器，到現在的無人車，新舊業務並進，永不自滿、永不停留，你還有什麼好擔心？已經做得這麼好，還能進步那麼多，仍是那麼飢渴。大約便是傳自Apple創辦人Steve Jobs的「Stay hungry, stay foolish.（求知若飢，虛心若愚。）」的一脈相承。

「There is nothing noble in being superior to your fellow men. True nobility is being superior to your former self.」海明威如是説（化成中文大約便是《大學》的「大學之道，在明明德，在新民，在止於至善。」）。佩奇大約是做到了。

Alphabet股價約750美元，2016年預測市盈率連25倍也沒有，然而其未來5年大約都能保持雙位數增長。其口袋裏到底還藏着多少有趣項目？只要管理層仍熱愛創新，其增長便大約都不會停下來。

3.5

你每天到底花了多少時間在Facebook？人們常用的手機應用程式中，Facebook Inc隨時佔了4個，Facebook和Messenger以外，WhatsApp和Instagram也早已被收歸旗下。根據研究機構報告，人們每天花在Facebook上的時間約45分鐘，WhatsApp和Instagram約30分鐘，而Messenger則約15分鐘。原來不知不覺，人們每天花在Facebook一家企業上的時間已高達兩小時！

更重要的，是人們上班隨時會遊魂，操作手機軟件時卻是集中精神，隨時較上班更認真。人流在哪裏，廣告便在哪裏。每天花上你不少時間的Facebook，你又怎能不認真研究？

Facebook的魅力來自創新。7、8年前Facebook剛在港流行時，人們多是用來尋找和聯繫舊雨新知，分享感想、看看照片和朋友聊聊天，但這現在還是Facebook的主要用途嗎？聯絡溝通，WhatsApp和Messenger已能代勞（兩者用戶已分別屆10億）。相片分享嗎？Instagram或許更佳，其服務對象，便是熱中分享的20-30歲年輕人。

Facebook **創新為王**

那麼人們現在用Facebook來做什麼？看「新聞」呀！Facebook上的朋友已能選擇「追蹤」與否，你可以只追蹤感興趣的朋友。又或「追蹤」感興趣的新聞媒體（如《信報財經月刊》），定時定候，便會彈出你感興趣的資訊。

又或是「追蹤」品牌網頁，便會定時為你送上最新產品和優惠資訊，你也可「追蹤」名人（如明星、運動員、政治人物等），現在不少明星更使用直播功能，務求吸納更多粉絲。最近一年推出的喜怒哀樂按鍵，還不過是希望人們花更多時間流連忘返？創新讓Facebook走在時代的尖端。現在和幾年前大不同，幾年後大概又會和現在大不同了。

表面上是人們在使用Facebook及其一眾手機軟件，實際上卻更似人們在替Facebook打工。現在人們在傳統媒體上花的時間只佔三分之一，相關的廣告費用卻佔三分之二。此一背馳在未來數年將逆轉，時間正站在新媒體的一邊。

巧計篩選　令人不能自拔

何故人們會迷上Facebook？答案是Facebook並不是一個被動的網路平台，而是懂得借助人工智能功能，讓你深陷其中，不能自拔。

Facebook的程式設計，早已把你的瀏覽範圍篩選過了。你的瀏覽圈子只會愈來愈窄，程式將愈來愈找到合乎你心水的文章，讓你愈來愈喜歡上Facebook。

喜歡分享的呢？你只會愈來愈關注有多少人讚好。這篇文章有100人Like，很好。這讓你期待下一篇文章有200人Like。按Like的人減少了？下篇文章你便會更用功。又或者會不自覺的大力宣傳，讓更多人上你的Page。

久而久之，不論是喜歡瀏覽，還是分享的，都會不自覺的成為Facebook的一部分，免費替其工作。若如此，Facebook的廣告、盈利和股價又豈有不大升特升的？

年輕具創意

Facebook的創辦人朱克伯格（Mark Zuckerberg）現年才32歲。許多人擔心，一個三十出頭的年輕人，能否管理如此巨大的企業，並讓其長久成功？不只Facebook，全球大多數成功的科網企業，掌舵人大多數都不過40多歲，身處創意最旺盛的黃金時間。

Facebook的創辦人朱克伯格（Mark Zuckerberg）

朱克伯格是稍為年輕了一點，但只要細心留意其管理層，便能知其大約依舊能向前邁進好一段日子。除朱克伯格外，其餘的管理人如財務總監、首席營運官、首席技術官，全皆四十開外，有足夠經驗，輔助朱克伯格實現其創意。

尤其值得一說的是首席營運官Sheryl Sandberg，她是經濟學家森瑪斯(Lawrence Summers)的高足，也著有暢銷書*Lean In*。她原是Google的副總裁，加盟前，Facebook不過是一個很好的網站。加盟後，她很快替Facebook找到盈利模式──廣告，自此起Facebook才開始有盈利。

花開數朵的Facebook手機軟件

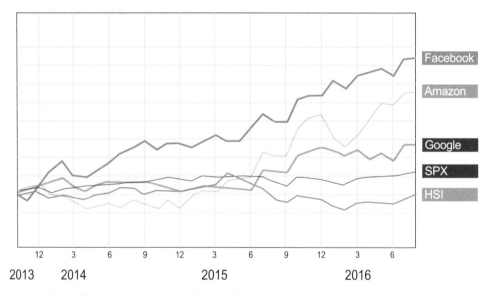

FAG固然跑贏大市，Facebook更是冠絕同儕。

假若不是年輕人掌舵，又如何懂得在WhatsApp和Instagram未成氣候時慧眼識英雄、趕緊收購？若不是有經驗團隊管理，又怎懂得把各Apps分工，然後針對不同年齡層需要？兩者相輔相成，缺一不可。

移動終端普及、影片收入上升（短片分享和直播）都會增加廣告收入。從線下到線上是一趨勢，文字、圖片到影片是另一趨勢。稍一擔心的，不過是環球經濟放緩短期影響廣告價格而已。

Facebook過去一年上漲近三成，跑贏近乎沒有上升的納斯達克指數，市盈率也已升至近60倍，且市值已達3500億美元。升幅既急、估值已高、市值也巨，大概不會如過去數年般急劇上升。除了以月供形式買入外，待股市每次大調整時買入，或許也是不錯的投資方法。

能投資於具創新能力的企業，能讓全球最頂尖的富豪替你打工，能看見自己的購買力隨企業成長而增長，真是想想也開心。所謂的投資，不正是如此嗎？

3·6

Tesla Model 3一出，震驚全球。短短一周，訂單便超越30萬張，較去年內地一整年的電動車（Electric Vehicle, EV）銷量（約22萬輛）還要高。新車發布後一周，Tesla的股價升幅更達15%。對一家仍未實現盈利的企業來說，現價的投資價值實屬見仁見智。

從發布會上Elon Musk的表現和粉絲的反應來看，真的有以往Steve Jobs在蘋果iPhone發布會的影子。粉絲並不認為他們在看產品，而是認為那是一件藝術品。

電動車將會改變世界嗎？答案是，勢所必然。電動車有助環保，因為它從來都沒有引擎。一般汽車依靠引擎燃燒燃料，產生能量推動摩打，然後由摩打驅動輪胎。

一般汽車引擎的效率只有15%（即消耗的汽油有85%被浪費掉，只有15%用作推動汽車）。柴油引擎好一點，效率約20%（所以說柴油車較好「力」）。然而，沒有引擎，直接用電能推動摩打的電動車，其能源效率高達80%以上，確保每度能源都能有效運用。

Tesla：粉絲狂熱

Tesla的CEO Elon Musk

二是電動車用電而非汽油。汽油是空氣污染的主要源頭之一，而電能則近乎沒有排放。論者或曰，電動車只是將排放源頭從汽車轉移至電廠，其環保作用實非想像中那麼大。

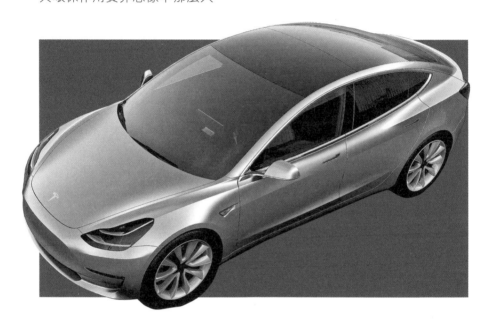

真是如此嗎？據美國能源資訊局（EIA）最新報告，去年美國只有約三分之一的電力來自燒煤，三分之一來自排放較低的天然氣，餘下的三分一則來自沒有排放的再生能源（如水電、核電、太陽能、風電等）。

即使在燃煤佔發電量三分之二的中國，電動車也有一定效益。數十萬輛汽車在人頭湧湧的市內產生排放，和同等的排放量在郊區電廠揮發，對人們的健康應大不同吧。再說，隨內地近年積極推廣潔淨能源（如天然氣），以及再生能源技術日趨成熟，燃煤佔發電比重，未來只會愈來愈低（並減少溫室效應）。

電 動 車 具 經 濟 效 益

那麼電動車普及，還有什麼障礙？售價高昂？電動車毋須添置引擎，本身已是一大優勢，且全球政府也必盡力給予優惠。環保不只是佔領道德高地的口號，也有實實在在的經濟效益。污染減少，市民健康，社會醫療開支馬上大減。

Model 3的零售價每輛只3.5萬美元（折合約27萬港元），一般中產家庭皆能負擔。從其訂單不絕觀之，電動車或將進入大量普及的拐點，未來隨產量上升，規模效益令成本下降，進入「銷量愈多，成本愈平」的良性循環。

現在電動車出貨較慢，一是設置新生產線需時， 二是鋰電池的原材料供應不穩定。無人知道技術困難何時可突破，只知道很快便會出現。Where there is a will, there is a way。千萬不要低估人們推動創新和解決問題的能力。

3.7

縱使內地經濟放緩，零售消費依然能堅挺的保持雙位數增長。如何能在出口轉內需的經濟轉型過程中受益更多？答案不是零售，而是科網！

2015年內地零售總額按年增長10.7%。但所謂的雙位數增長，其實是6%至8%的線下，以及20%至30%的線上增長。

內地網購王者阿里巴巴，旗下的淘寶、天貓佔市場份額八成以上。阿里的規模有多大？2015年阿里的年度交易額（Gross merchandise volume, GMV）達3萬億元人民幣。假若將之當為一個省，那將是內地排名第6大的經濟大省，比四川、湖南排名還要高。

阿里巴巴的名字相信大部分人都聽過。但今試問，阿里是如何賺錢的？淘寶網可是從來都沒有向交易徵費的。

阿里2014年9月在美上市。美國的監管條例甚至較香港更為嚴格，是故其招股書所列更為仔細。據招股書上所述，阿里的主要業務包括：中國零售收入（淘寶、天貓、聚划算）、國際商業零售及批發（Alibaba.com、1688.com）、雲計算（阿里雲）、互聯網基礎架構、Ali Express，以及其他微金融等。當中以中國零售收入佔總收入超過八成。

阿里巴巴：網購王者

同是有關零售收入，淘寶網、天貓和聚划算三者有何分別？淘寶網賣家以中小企為主（C2C），小商小販、價格較低，種類較多，但各商戶間，品質有可能良莠不齊。天貓則是品牌的自營店（B2C），價錢或較淘寶網的為高，但通常較品牌的實體店為低。聚划算則為一團購網站，賣家大中小商家都有。值得注意的是，三者皆為購物平台，阿里本身並不販賣任何產品。

旗下零售網站人流不絕（活躍用戶超過4億），阿里如何賺錢？一是網上推廣服務，如P4P收入（Pay-for-Performance），即在淘寶網搜索頁的競價排名，又或是展示廣告收入；還有淘寶客項目：按照交易額的某一比例向淘寶和天貓賣家收取佣金（淘寶客指的是幫助賣家推廣商品並賺取佣金的人）及Placement Services，賣家購買聚划算的佔銷頁面費用。

二是交易金，天貓和聚划算（淘寶則並不在列）的賣家，對於使用支付寶的每一筆交易，須支付交易額的0.3%—5%作佣金。三是店舖費用，對於淘寶旺舖（阿里替你設計版面等），每月收取固定費用。此外，國內批發收入則包括會員費收入，增值服務費，關鍵在競價收入等。

增 長 動 力 能 維 持

淘寶網於2003年面世，經過十餘年發展，已不太可能如往昔般，動輒40%—50%的高交易額年增長（GMV），但市場仍預期增長可達約20%，這是為何？

一是網購後內地零售消費比例仍低，大約只15%，只要價格較實體店便宜，貨品種類愈來愈多，網購依舊可保持中高速增長。二是中國幅員廣闊。網購初行，增長動力多來自沿海城市，但現在內陸以至偏遠地方也漸「富起來」了，他們雖非居於沿海城市，但希望過上豐盛物質生活之心則無不同。**零售商要往偏遠地區開店成本甚高，但網購不過是送一個包裹。** 是故網購乃內陸城市漸富起來的主要受益者。

三是內地中產階層日益壯大。隨着居民收入快速增長，人們消費情緒高漲。現時只佔ＧＤＰ約三分之一的零售消費，未來只會慢慢向美國的七成比率靠攏。且新世代的消費模式也和上一代的不同，沒有逛商場經驗，可能更容易接受和喜歡直接的網購。

交易額的增長只兩成，那麼阿里的收入增長也只兩成嗎？不一定，或許更高。科網股要看變現率（Monetization Rate），即將收入除以交易額。交易額上升兩成，而變現率上升，收入即增加更多。阿里上市以後，變現率穩步上升，從2012的約2%，升至現在的近2.5%。這又是為何？

原因包括一、手機網購興起，移動用戶的廣告投放，要較傳統電腦為高。二是隨着交易額增長放慢，賣家需投放更多廣告，才能保持增長。三是品牌受網購威脅，紛紛開設網店，讓天貓增長甚速。因天貓收取交易費用，變相讓阿里收入增加。

內地經濟轉型，從往昔由出口帶動，轉往內需帶動，已是一個大浪。從線下到線上，為第二個大浪。從電腦至手機，為第三個大浪。現在阿里踏三浪而行，且只是在途中而遠未至水尾，你又認為其投資價值如何？

近日阿里推出虛擬實體產品（Virtual Reality, VR），讓顧客可「走進」商店，選購心儀產品，預料又將帶來蓬勃增長。你又認為夠吸引力嗎？

2016年7月阿里股價約85美元一股，其2016財年市盈率（3月年結）才約30倍。假若未來能保持增長，估值絕對不能算貴。假若你之前錯過了阿里巴巴，不要緊的，投資市場總是很仁慈的，科網盛世大約現在才開始。

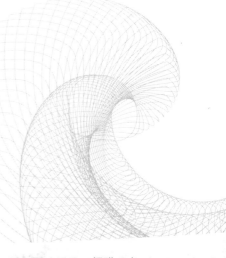

年度交易額和手機網購佔比持續增長

	2012財年	2013財年
淘宝网 Taobao.com	5,500	8,240
天猫 TMALL.COM	1,130	2,530
總計	6,630	10,770
手機網購佔比	2.4%	7.3%

阿里巴巴零售網站收入來源明細

	淘寶網		
淘寶賣家	淘寶客項目	搜索頁競價排名	展示廣告收入
天貓賣家		搜索頁競價排名	展示廣告收入

來源：招股書

	年度交易額 (億人民幣)	
2014財年	2015財年	2016財年
11,730	*15,970*	*18,500*
5,050	*8,470*	*12,180*
16,780	*24,440*	*30,680*
18.9%	**41%**	**64%**

天貓				聚划算	
不適用				0.3%-5%作佣金	購買聚划算的佔銷頁面費用
%-5%佣金	淘寶客項目	搜索頁競價排名	展示廣告收入	0.3%-5%作佣金	購買聚划算的佔銷頁面費用

3·8

巴菲特（Warren Buffett）説，只投資於有巨大護城河（Unbreakable moats）保護的企業。護城河到底是什麼？每個投資者大約都會有自己的答案。巴菲特的答案則是，加了價（或偷偷加了價）顧客也不會走。中國有這樣的企業嗎？有的，它的名字叫攜程（Ctrip）。

2015年是攜程一統內地網上旅遊訂票行業（Online Travel Agencies, OTA）的年份，先後在5月和10月入股主要競爭對手藝龍（eLong）和去哪兒（Qunar），一統江湖。長達10年的OTA行業戰爭，或從此畫上休止符。王者攜程或由此走上盈利高速增長之路。

香港人或甚少聽到攜程、藝龍和去哪兒的名字，但在內地卻是家喻戶曉。大概便等於Priceline、Expedia或Agodas在港的地位。

攜程由4位上海企業家，梁建章、季琦、沈南鵬和范敏在1999年創辦，4年後在美國上市，及後更引入全球最大OTA網站Priceline作策略性股東，一直是行業龍頭。

但金融海嘯後，藝龍和去哪兒崛起，給攜程的寶座出了重大的考驗。藝龍和去哪兒背後的大股東，分別便是科網巨擘Expedia和百度，尤其是藝龍，一直被視為Expedia進入內地市場的旗艦。

攜程：下一個阿里、騰訊

要快速增加市場份額，最簡單方法便是割價搶灘。Expedia想在潛力無限的內地市場分一杯羹，遂通過藝龍發起一次又一次的減價戰。

其時攜程的原CEO梁建章，已去了史丹福大學念博士（大概是之前太成功），另外兩位創辦人也已出走，留下范敏主政。范決定採取守勢，集中精力於價格敏感度較低的中高端市場，結果讓藝龍和去哪兒，順利通過低價策略，分別佔領了低端酒店和機票市場。

陣 前 易 帥 迎 戰

旅遊在內地本是增長高速行業，原可各自各專注固有領土。沒料到不過兩三年後，互聯網的快速普及，讓OTA行業發生了翻天覆地的變革。互聯網和移動互聯網讓網購普及，並讓商品和服務的價格變得透明。良好的服務，還不及大幅度減價來得更實際。在此背景下，藝龍進一步發動減價進攻，搶奪攜程的市場份額，結果讓攜程在2011年，經歷了最大幅度的業績下滑。股價曾在短短半年內，下跌近八成。

攜程的董事會再也坐不住了，決定陣前易帥，急召梁建章回朝。梁回朝後不過幾個月，便定了一個簡單，卻又直指問題本心的策略：價格戰。其時攜程經過十多年的經營，累積了百多億元人民幣的現金。而藝龍經過連串割喉式減價戰後，賬上只餘下十餘億元人民幣。攜程遂宣布，掀起一場5億美元（其時約40億元人民幣）的價格戰。不論藝龍減至多低，攜程一律照跟，奉陪到底。先以同樣價格讓藝龍的優勢全消，再用較優質的服務把顧客搶回來。藝龍思前想後，決定結束割喉戰。攜程的股價遂在1年內上升4倍，回到之前的水平。

但梁氏並沒滿足現狀。因之前的波浪，讓他更明白不進則退的道理。一方面大量投資，讓公司向移動互聯網方向轉型。二是提升服務，並伸展到其他旅遊相關領域（如加大酒店和機票的數量和選擇），讓其成為一站式旅遊服務網站。更重要的，是於2014年引入Priceline作戰略投資者，一方面進軍國際市場（增加海外酒店選擇），二是自此確定全球最大同業不會進入內地與其競爭！

另一邊廂，連年苦戰後，Expedia始終未能在內地市場佔得甜頭，且又看見Priceline入股攜程。思前想後，最終決定結束戰爭，於去年5月，宣布將藝龍37%股權賣給攜程。

攜程得到藝龍控制權後，一統網上酒店訂票市場，稍具份量的對手便只剩下去哪兒。至10月，去哪兒的大股東百度也悟了，宣布與攜程換股。攜程從百度手上獲得去哪兒約45%股份，成為其最大股東。作為交換，百度則獲得攜程約25%股票。從此網上機票訂票市場也由攜程所壟斷。

一 統 天 下　提 升 利 潤 率

至此，天下正式一統（國內再無對手，國外上規模的對手也不會入侵），多年的減價戰也就此結束。攜程自此掌握內地網上旅遊訂票市場的定價權，利潤率有望重大提升，盈利增長也有望從此步入高速公路。

為鞏固領先優勢，攜程亦於2014年入股另外兩個同業對手同程和途牛，並在今年入股內地最大航空公司東方航空（670），以確保機票票源的穩定性。

全球最大的OTA行業巨擘Priceline，現在的市值約為660億美元，但攜程現在只有其三分之一，約200億美元市值。中國是一個擁有14億人的市場，相反Priceline的主要市場歐美，人口不過約10億。旅遊從來都是一個計人頭的行業。人口規模決定了行業規模，攜程的市值顯然還未完全反映。

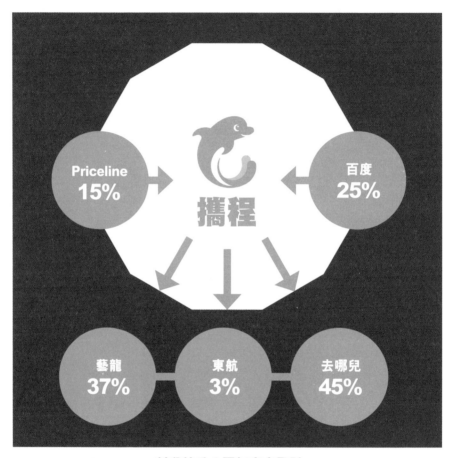

割喉競爭？不如齊齊發財

OTA行業的護城河是什麼？可以是比別人多的機票、酒店選擇，比別人便宜的價錢，也可以是比別人更快的訂單確認。但更根本的，是自今起可隨意加價（或靜悄悄加價。普遍消費者又豈會知道，機票和酒店的真正底價到底是多少？），而客戶也不會走（已無其他選擇），便是最好的護城河。

說起內地科網行業，人們大多只想起馬雲、馬化騰、雷軍等。但隨着攜程一統內地網上旅遊訂票行業天下。今後數年，或許梁建章才是你最不應忽視的名字。

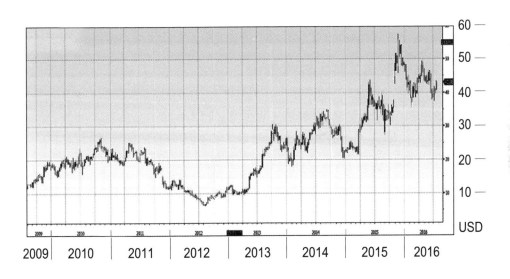

經過多年波動後，攜程股價是否即將進入坦途？

3.9

本地股民投資中資股其實有不少優勢，因為不少本港經濟和股市發生過的事情，都會在中資股上重演一次。2015年中，市場氣氛仍感虛怯之際，兩隻本地電訊股數碼通（00315）及和電香港（00215）已再次升近52周新高。數據收入增加，帶動本地近年電訊股屢創新高，內地電訊股未來又會否如此？

那便要先溫習內地電訊市場的發展。

2009年初，內地發放3G牌照，但到了2012年末，上台客才一共2億多。當中的關鍵，一是2G世代的王者中移動所分發的國產3G制式TD-SCDMA網速欠佳，且支援此制式的手機選擇亦太少，致使中移動的3G上台人數久久未如理想。

幸運的是，客戶亦未有大量「移籍」到其餘兩家電訊商。因內地並不允許「攜號轉網」，是故若想享用聯通（00762）或中電信（00728）的高速3G服務，必先開設新號碼。對中高端客戶較多的中移動用戶來說，失去「朋友圈」這個潛在風險，代價實在太大。消費者縱使不滿中移動的3G水準，也寧願待技術升級，而非轉投聯通或中電信的懷抱。

中國移動：4G普及受益最大

3G遂成僵持之局，中移動佔市場不到一半，其餘兩家則合佔餘下的泰半市場。

2012年末，內地3G/4G每月上台1200萬客戶也不到，中移動雖佔份額最大，但也不過半數。至2013年末，內地向三大營運商發出國產制式的TD-LTE（具國際水平）4G牌照，且Apple也正式授權中移動出售iPhone。壓抑已久的需求，終於迸發。

2013年末，3G/4G上客量增至近1500萬，且超過七成是中移動用戶。至2014年末，3G/4G新增用戶上升至2500萬，當中近九成來自中移動，正是因為iPhone 6於2014年末正式登陸內地。2015年上半年，內地3G/4G上客量（不包括中移動3G）更再升至1.2億戶，中移動市場份額達83%。至2015年12月底，內地3G/4G上台人數已近8億戶，按年增長近3億，可見儘管經濟放緩，科網需求仍大，智能化之路未改。

隨着4G日益普及，和用戶數據用量增加，三大電訊商的每用戶平均收入（ARPU）均有望上升（便似過去數年本地電訊商般），而坐擁最多中高端客戶的中移動，則有望受益最多。中移動的ARPU，2013年是每月67元人民幣，2012年是68元人民幣。怎麼看都是太低。

坐擁4200億元人民幣淨現金

除擁有龐大客戶基礎外，中移動具有另一項巨大優勢。建立一個全國性的電訊網絡，需要大量資本開支。聯通和中電信過去數年，因3G發展致使負債連年遞升。相反中移動縱使開支不少，但龐大的用戶基礎使其現金流源源不絕。至2014年底，坐擁近4200億元人民幣（即5300億港元）淨現金（即其2萬億元市值中，有近四分一是現金）。4G建網當然需要大量資金，中移動具有先天優勢。

4G前期投資龐大，電訊商可能要一兩年後才開始踏入收成期，是故未來一段時間，或可以是累積作長期投資的合適時分。除每月監察上客量外，也可以從業績報告中觀察ARPU變化，以確定趨勢是否往設想方向運行。

豐子愷先生的名作《漸》有言，「漸」乃造物主騙人的手段，讓人不覺事物的變化。人們總愛議論「希臘債務危機」、「內地暴力救市」等大事，然卻忽略了身邊細微事日復日的變化。內地4G上台客每天皆在增加，數據用量也只會持續上升（想想香港經驗）。

內地電訊行業的焦點，自今起將從智能手機供應鏈，轉移至「內容」供應商和電訊商。

3G世代或許是上網又或用即時通訊軟件。4G世代用戶更多是在手機上打遊戲機和觀看影片。內地網上遊戲商中哪一家執牛耳？看影片嘛，重點不在誰拿着最好的片源（YouTube並不製作，卻是最多人瀏覽的網上播放平台），而是誰能聚集到最多人流。簡言之，大約依舊是眼前的巨擘 Winner takes all。

中移動歷史高位為2007年10月時的約160元，今又試問，2005年股價幾許？答案是只有35元。升浪的最後一段才是整個趨勢的精華，懂「趁勢」的投資者，永遠不會在趨勢完結前沽出股份。

3·10

消費模式的轉變，定必大幅增加數據用量，帶出更專業的數據處理服務，現在不少中小企已不設IT部門，而把相關工作外判（一間IT公司服務十數間中小企）。企業本身甚至不用裝伺服器，便能享用更穩定、更便宜（因規模效益）的數據處理服務（私隱安全考慮是另話）。雲端數據服務必然愈加普及，使雲端數據處理成為未來最炙手可熱的投資主題之一。

在Facebook看短片、上載照片，或是智能手機查看電郵，每個動作都會產生大量數據傳輸。Google每分鐘的搜尋量達300萬次，蘋果用戶每分鐘下載5.1萬個應用程式，YouTube用戶每分鐘上傳300小時的新視頻，社交網站每分鐘點like超過400萬次，Instagram用戶每分鐘發布超過12萬張照片，全球每分鐘收發的電子郵件逾2億封。

全球最大的網絡設備商思科系統（Cisco），2015年底發表報告，預計從2014至2019年，全球雲端流量將增長逾3倍，從2.1ZB增加到8.6ZB；同時，全球數據中心流量則將增長2倍，從3.4ZB增加到10.4ZB，原因包括移動終端帶動個人化雲端需求，快速普及的企業雲端服務，以及物聯網的出現，讓數據不再只是連接人和機器，而是連接機器和機器。

數據中心 港科網遺珠

數據中心過往的發展一直未見熱切，至現在雲端計算逐漸普及，數據用量與日俱增，大數據時代即將來臨，才見相關投資急劇增加。香港的地理優勢和完善的電訊、電力基建配套，使其連續3年成為亞太區內數據中心風險最低選址。資金一窩蜂湧入下，會否出現供應過剩？答案是機會不大。要興建一座數據中心，由動工至落成，動輒要3至4年的時間。

説起數據中心，大概不少人會想起新地（00016）旗下的新意網（08008）。截至2016年3月底的9個月，收益上漲8.1%，但純利卻升約2%，原因是新項目工程費用使支出上升。兩個新項目，沙田項目已進入最後階段，將軍澳項目將於明年完成（此一項目差不多等於現有樓面面積的一半）。

入行門檻高使數據中心行業能避開競爭，供應短期難以擴大。利率低企和科網發展，固有經營者或許將能享一段時間的穩定增長。

美股投資懶人包

投資美股看似隔山買牛，
但互聯網將世界距離拉近，
絕非想像中那麼遙不可及。

如何開立美股戶口？那麼你之前又是如何開立港股戶口的？在港投資美股，與投資港股相近，那便是於銀行或證券行開立戶口。買賣收費又如何？便似投資港股般，不同機構的佣金高低可以相差甚遠。平的可以十分平，貴的卻不一定特別貴。

以獅子行的網上美股買賣服務作例。首1000股，每單交易的經紀佣金劃一為18美元。以蘋果公司現價約94美元計，買100股便約9400美元（折合約70000多港元），經紀佣金才100多港元（18美元），很難說是貴。也有些金融機構是以成交金額計算佣金的，讀者自行比較查詢。

佣金特別平的，往往是一些國際證券網站。但投資者也要考慮風險因素。本港設有「投資者賠償基金」，一旦選用的證券行倒閉，投資者可獲不多於15萬港元的賠償。但「賠償基金」只適用於港股戶口，美股則不在受保之列。

外 國 人 可 申 請 免 稅

2008年雷曼兄弟破產後，世上大約已沒有政府，敢再讓上規模的金融機構破產。既然大小金融機構的美股戶口俱不受保，那麼自然是較大型的、信譽較好的較穩陣。投資者在考慮銀行或券商時，佣金高低或許不是唯一的考慮（尤其對不太炒賣的長線投資者而言）。

買賣美股也和港股一樣，除基本佣金外，也有存倉費、交易所徵費等。但和港股的一大分別，是美股並沒有印花稅（Stamp Duty），是故高頻交易可以在美國大炒特炒，在港則流行不起來。

美股雖無印花稅，但有資本獲利稅和股息稅。若為非美國籍人，則可填寫外國人免稅表（W8-BEN），以豁免資本獲利稅。

企 業 管 治 透 明 度 較 高

投資美股的麻煩瑣碎大約與港股相若，所花的時間精力到底是否值得？值得的。先不說當下美股更具價值，適合長線投資的企業較中港股市為多，且其企業管治、透明度也較高。

美股會每季公布業績，管理層在財務報表內的討論也較深入，且會給予來季業績指標，管治透明度也較高。季度業績發布後，公司都會舉行分析師電話會議。管理層先作報告，然後各大行分析員分別提問，部分更會開放予公眾收聽。即使未能收聽直播，大部分筆錄副本（Transcript）也都能在網上（如公司或交易所網站）找到，看看管理層和專業投資者如何討論業績（每次都能學到東西）。

世上原沒有路，路都是人走出來的。行到水窮處，坐看雲起時。投資者要學會和敢於走出自己的Comfort Zone。

CHAPTER

4·0

避 開 股 市 地 雷

如今「大行報告」唾手可得，資訊（information）泛濫，連評論（view）亦多如過江之鯽，但投資者的回報又有沒有比10年前好？

資訊的普及、科技的便利、別人的評論，從來都非投資獲利的關鍵。在網上字典（如具讀音功能的Google Translate）隨手可及的現代，莘莘學子的英語水平又有沒有大幅提升？

要長時間的投資成功，當中可能涉及成千上萬的投資決定，你沒有辦法單靠運氣便僥幸過關。一次偶然的幸運對長期成功投資來說根本不算什麼，運氣不可靠，只有堅實的分析才可靠。股市布滿地雷，必須學懂避開，才可以增加賺錢的機會。

4.1

不少投資者喜歡認購新股，內地體育用品股便曾經是散戶的心水愛股。自2004年李寧（02331）來港招股，之後數年陸續有體育用品公司來港上市，並以2008、2009年為高峰。

嚴格而言，一眾體育用品股並不是「零售股」，其經營模式為發展自身品牌，例如李寧、安踏（02020），然後通過售貨予分銷商和加盟店（動輒5000至6000家），將產品銷往全國，是故一眾體育用品企業其實是「批發商」。

加盟商模式的好處，在於可用較短時間和較少資金，便能建立一個遍及全國的分銷網絡；但如何管理一個龐大的分銷網絡，則大大考驗管理層的經營能力。差勁的分銷商不但會影響品牌聲譽，銷售欠佳庫存積壓更會使資金鏈壓力大增。

企業上市前多催谷盈利，務求以最佳面貌示人，內地體育用品股的方法之一，便是以折扣優惠，鼓勵分銷商早下訂單。只要收到訂單，存貨便會變成應收賬（Trade Receivables）。將來能不能收回現金是將來的事，重要的是眼前收入和盈利上升（你是否願意投資這種賬面盈利增長甚快的企業？盈利質素當然較增長本身更為重要！）。

催谷盈利變壞賬

是故要衡量體育用品股的經營表現，首在觀察其應收賬（而非庫存）的管理能力。應收賬款周轉日數愈少，代表其分銷商銷售和償付時間愈短，亦即其對分銷網絡的管理能力愈高。

以食肆作例，生意愈好的餐廳，材料便往往愈新鮮。數期長不但影響資金流，也會影響企業回應市場變化的能力。

蜂擁上市　盈利見頂

2008、2009年體育用品股蜂擁上市的後續，便是行業盈利於2010年見頂，然後再連續數年的大幅倒退。透支了的需求，不但會減少「未來」的訂單，存貨過多也會拉長銷售和資金回籠。更重要的是，長期被閒置的貨品最終只會變成dead stock。貨品賣不出去，分銷商無力找數，receivables遂變成壞賬，然後write off。

經過約3年的整合和去庫存，這行業盈利大抵於2014年見底回升。在港上市的六家體育用品股，盈利才合共約20億元人民幣；(不包括中國動向的約9億元人民幣投資收益)，較2010年的近70億元人民幣相去甚遠。

行業周期會拉開企業間的差距，優質的企業會借行業低潮乘勢而起。體育用品股大抵不會如往昔般的百花齊放，而是會百駿競走，能者居之，大魚吃細魚。

奧運會的百米賽跑，冠軍和亞軍的差距可能只0.1秒，但兩者的獎金和名譽相去卻可能以倍計。京奧的百米飛人是保特，亞軍是……因為我們已進入Winner takes all的年代。美國固然由Nike壟斷，德國執牛耳的是Adidas，日本的是ASICS（其市值較Mizuno和YONEX相加還要大五倍），中國未來大概亦會如此。只要現在比同業做好一點點，便很有機會成為行業的最終王者，並讓市場給予最高估值。

內地體育用品行業未來一兩年大約仍會維持中速增長，至於三五年後能否出現下一間Nike或Adidas，便要看未來兩三年企業的品牌創造能力了。

4.2 ── CFO辭任是警號

安踏體育原本最有條件成為內地體育用品股王者，不過，該公司在2016年爆出的新聞，令人不禁有所疑慮。

自2012年首季起，安踏每季公布同店銷售表現，至2016年5月，卻突然變更季度業務披露內容，以季度零售金額替而代之。突如其來的改變觸發投資者信心危機，令安踏遭拋售，股價短短一周便下挫近一成半。

值得在意的事情，其實早已在2016年2月29日發生，當天安踏發表公告，首席財務官凌昇平請辭，翌日生效，原因是需投放時間照顧家庭。

投資者的假設，是首席財務官（或財務總監）最熟悉公司財務狀況，突然離任往往是一個警號。過往不少企業出事，都出現CFO突然離任。而企業的解釋，往往便是「追求個人目標」。若不是即時離職，而是有充分交接期，市場或可較安心。但現在是即時離任，市場能不擔心嗎？

據年報資料，凌先生現年約四十八、九歲，因不是董事，故無法在年報董事欄中得悉其年薪多少。但安踏去年最高薪酬3名人士（非董事），薪酬總額約800多萬元人民幣，首席財務官應是其中之一吧？！一位數百億市值上市公司的高層、50歲不到、正值搵錢的黃金時間，忽然在未有下一站而請辭，照顧家庭的機會成本會否過高？

CFO請辭或許還是單一事件，之後又突然改變季度披露內容，市場的回應自然變成先沽後問。

4·3

在企業管治角度，有兩類情況尤其值得投資者注視，一是獨立
非執行董事接連辭任「跳船」，二是核數師突然辭任。

瑞年國際（02010）在2016年2月宣布更換核數師，原因是「集團與德勤
未能協定獨立審核之範圍」。瑞年的年結日為12月31日，在業績發布前
更換核數師，投資者特別要小心在意。

瑞年的主業為從事營養保健品、保健飲品及藥品的生產及銷售，股價
2015年約處2元水平，已屢獲分析員推介，指其行業前景秀麗、增長穩
定。然而，瑞年股價不但沒有節節上升，至2016年2月反倒下跌了近三分
二（同期恒指或國指跌約二三成），市盈率才一倍（你沒看錯，真的只
一倍），息率達10厘。其市值只11億元，甚至比公司的淨現金約15億元
（2015年中期數字）還要低。瑞年到底發生了什麼事？

價值投資，是指只投資於價格（Price）明顯低於價值（Value）股份的方
法。然而，其精髓又是否一句「買平貨」便概括得了？

「買平貨」隨時更窮

不 明 白 的 東 西 別 碰

價格是你每天都能知道的，然而如何釐定價值，才是股份值得投資與否的關鍵。瑞年2010年2月上市集資約10億元；但上市後不久，同年10月再配股集資逾6億元。既然公司前景這麼好，何故大股東如此樂意和街外人分享？

2015年7月中時，瑞年股價約2元多，但公司已先後兩次（4月和6月）配售股份，集資6億餘元，並於7月再一次先舊後新配售股份。何故要接二連三批股？平固然是好事，但不明白的東西，還是不要亂碰為宜。

再來一個例子，中視金橋（00623）主要業務為廣告和廣告代理，提供全國性廣告覆蓋和活動策劃，其中包括央視頻道（CCTV）的廣告時段，因其業務獨特，連年增長，且長期處於淨現金狀態，一度引來市場關注，視為明日之星。

初閱其年報時，也覺得其業務有可為。然而，細心一想，央視廣告時段是珍貴資源，如何能保證不會失去？利錢甚為豐厚（邊際利潤率近兩成）會否引來大量新競爭者？且業務連年增長，大股東又為何要將之上市，與街外人分享？中視金橋的股價高峰在2013年中，約7.9元，至2016年2月只2元左右，市值約11億元，市盈率只3倍（2014年盈利計）。不是不好，而是太好，看下去太着數的「刁」，筆者一般都不敢亂碰。錯過一次投資機會，你並不會因此失去什麼，但虧損時，賠上的卻是真金白銀。

揀 股 猶 如 選 伴 侶

説價值投資只是「買平貨」，根本就是對價值投資的侮辱，「買平貨」隨時讓你更窮。

揀股其實應如女人揀老公般奄尖。眼前雖只是文員主任，但你相信他30年後會成為總經理，所以才會下注。女人下的注是青春，你下注的是金錢，所以也應同樣的高要求和奄尖，不但要避開看似平但其實不平的，也要避開看似正經但其實不可靠的。只要選對了，時間便會站在你的一邊。

女人選擇伴侶總是千思萬想，投資者選股時卻求其隨意得多，這又是為何？望事事都能解釋的經濟學家能教我。

4·4 ———— 從現金流角度把脈

太美好的業績，往往潛藏問題。

漢能薄膜（00566）可說是市場最受矚目的股份之一，該股在2015年首3個月已上升近1.5倍，備受內地資金追捧，屢屢登上「港股通」十大成交榜。但同時圍繞該股的質疑聲音亦不少，其中包括：一、2014上半年營業額32億元，當中超過九成來自母公司漢能控股及其聯屬機構（下稱母公司），而相關應收賬則高達60.7億元。二、毛利率幾達85%，豐厚得連科網龍頭蘋果也甘拜下風。

與母公司相關交易或利潤率高得難以置信，都只屬讓人思疑。惟以基本因素觀之，漢能的投資價值到底如何？

衡量一家企業的投資價值，最重要的是觀察其盈利和盈利質素。企業的利潤大可通過各項會計或入賬方法而出現「變化」，相反現金流的真實度相對要高許多，是故將企業盈利比對經營活動所產生的現金流，是測量盈利質素的最簡單法門。

漢能2014年上半年盈利達17億元，算是相當強勁，那麼同期經營項目產生的現金流入有多少億元？答案是一億元也沒有，反而錄得經營項目的現金淨使用近3000萬元。2013年漢能獲利約20億元，經營項目為公司帶來了多少淨現金？答案是負59億元。

公司賬目上獲利甚豐，卻不能在日常營運產生現金淨流入，那該怎麼辦？不用擔心，這正好是資本市場發揮作用的時刻。漢能於2014年和2015年初先後兩次批股，籌資約58億元，幾近於其三年利潤。上市真好。可惜的是，其於2015年5月中單日下跌近一半，然後被勒令停牌至今。

作投資決定時，常識比專業知識來得更重要。巴菲特説，他從來只投資於業務簡單易明且能理解的公司。太陽能行業博大精深，投資者不用強迫自己買一些不了解又或難以理解的企業。更重要的，是該企業賬面獲利甚豐卻又不能從日常經營中產生淨現金，反而要向股東伸手，這樣的生意模式是否吸引？你又是否願意投資這樣的企業？

股票市場是企業向資本市場籌措資金的管道。不論是自身投資，又或資產管理業者，到底你是願意投資於良好的企業，讓其估值上升，融資成本下降，更好的為社會創造價值；還是讓經營不佳甚至立心不良的企業也能輕易融資？

稍具常識的讀者都不難做判斷。

4.5

會計準則各相異
賬面真實大不同

投資不作研究分析，便似打牌不看牌。在會計條例日新月異的現代，投資者更須審慎行事。

兩家盈利差不多的同業，按道理，兩者市值應當不會相距甚遠。萬科企業（02202）和恒大地產（03333）都是全國性的地產發展商，兩公司2014年盈利分別約157億和126億元人民幣，相去不過約四分之一。偏偏市值卻相差近3倍（萬科逾2000億元，而恒大則約570億元，2015年4月數據），這是為何？盈利質素之不同也。

翻開兩家企業的年報，恒大2014年的盈利約126億元人民幣，投資物業公平值收益卻高達約94億元人民幣（萬科則沒有此等收益）。投資物業升值固然可喜，但相關的收益卻屬非現金性。衡量企業投資價值時，看重的從來都不是企業的賬面盈利而是現金盈利（可分派利潤）。

舉例說，兩家企業各賺10億元。甲企業賺的全屬現金盈利，全部都可用來再投資，年增長20%，下年度的盈利便達12億元。相反，乙企業只有一半是現金盈利，同樣增長20%下，明年盈利則是11億元。驟眼看好像分別不大，但4年過後，前者盈利已翻了一番，而後者卻只上升約45%。複利滾存會讓細微差異變成巨大分野。

乙企業想追趕，只有舉債或發新股融資，但兩者並不是沒有成本的。要不然便要寄望管理層的傑出表現或生意模式特別理想。惟值得投資的，從來都是那些已具優勢並持續尋求最安全勝利的企業，而不是那些身處劣勢，並常常得寄望管理層「打高兩班波」的企業。

永久資本工具何方神聖

企業的現金盈利是投資者必須弄清楚的題目。現代會計的「創新」，已到了近乎日新月異的地步，至2014年末，恒大的股東權益約1040億元人民幣，較萬科的約881億元人民幣為高。但仔細一看，恒大千多億人民幣裏有近一半（約528億人民幣）是永久資本工具。這到底又是何方神聖？

根據恒大年報所述，永久資本工具「並無合約責任以償還其本金或支付任何分派」，故「分類為權益的一部分」。但同時又指：「永久資本工具由本公司及若干附屬公司共同擔保，並由附屬公司股份抵押作擔保。此等工具並無到期日，且派付款可由永久資本工具的發行人酌情遞延。」到底是要付利息還是不用？最終要償還抑或不用償還？若可以不還，擔保作什麼？

在會計角度，永久資本工具或可視為股東權益的一部分。但在投資分析角度，到底應視其為股東權益還是負債？恒大2014年稅後利潤約180億元人民幣，惟當中有近43億元人民幣便分配予永久資本工具持有者，這到底是利息？還是股息？其「利率」水平又如何釐定？是按市場利率？固定利率？還是按盈利水平？不知道「利率」水平，又如何預測企業盈利？

更重要的是，會影響企業再融資能力。恒大總負債對股東權益比率約150%，好像與2013年的148%相若，但如果將永久資本工具剔出股東權益，相關比率便高達305%（2013年：224%）。銀行家考慮貸款時，會只依照賬面數字？還是會獨立思考企業的負債和還款能力？

內地房地產行業正在整合，負債水平較低的企業當然較易存活和進行併購。

萬科和恒大2015年市賬率分別約1.8倍和0.43倍（若剔除永久資本工具，恒大的市賬率便約0.88倍）。市場懂得不單從企業的賬面數字，更要憑企業的內在價值來作估值。是否值得投資者參考？

4·6

近年投資市場興起一種分析方法，喜歡把公司淨現金或上市地位（殼價）減去，才作估值。舉例說，一家公司市值10億元，淨現金3億元，每年盈利一億元。計算估值是把市值（10億）減去淨現金（3億），再減去殼價（2億），才除以盈利（一億），從而得出市盈率只有5倍和抵買的結論，此種方法其實大有問題。

除非企業打算以特別股息的方式派發，否則不應在計算估值時把現金扣除。公司資金當然是股東的資金，但運用權卻在管理層手上，若公司並不打算派發，那不是蠔家雞見水——有得睇，無得飲嗎？

企業現金價值並非等於現金面值，遇上優秀管理層把資本作投資，所產生的價值便高於資本面值；相反，當企業經營不善或遇上居心不良的管理層，該筆資金被虧損或「消失」的機會便甚高（不但面值不保，隨時歸零）。

股神巴菲特投資旗艦巴郡（Berkshire Hathaway），歷史上僅派過一次股息，原因是巴菲特相信自己運用資本的能力，較大部分（甚至全部）股東都要好。

殼股是價值陷阱

能成為上市公司管理層，理應大多是自信滿滿，相信自己「錢搵錢」能力的人，又豈會隨意將手中資本派發？投資者還是把淨現金視為一般營運資產為宜。

上 市 地 位 難 捨 棄

上市地位當然有價有市，但一般情形下，大股東願意賣殼嗎？答案是否定的，因在金錢以外，名譽和社會地位同樣是稀有資源。

上市公司大股東多年成功營商經驗，早已累積一定財富。賣殼也許額外帶來三兩億元的家財，但這會讓他們的生活有翻天覆地的改善嗎？相反，在香港會或馬會會所應酬聚會時，稱呼從「黃主席」變成「黃先生」，滋味應大不一樣吧？

賣殼不但讓原大股東的社會地位大降，也使其失去掌管上市公司資源的權力。身為上市公司主席，不但有社會地位，一些公私不分的大股東，家人朋友的賬單也因此有地方可以報銷。一旦賣殼，上市的一切好處皆消失，除非大股東有急切資金需要，否則賣殼誘因其實不大。

投資者更要在意的是，一些上市企業被冠以「可能賣殼」或「市值低於殼價」等理由，股價隨之而被舞高弄低。可能賣殼可能不賣殼，為何要把自己的資本付諸於運氣、操之於別人之手？

投機難甩身　回報不會多

投資者或會說，因為資金少，所以要博，待博到第一桶金後，自會開始審慎投資。

但未來要奉行紀律，並不是當下胡亂買賣的藉口，便似發誓下周減肥，所以現在便可暴飲暴食？因為婚後將循規蹈矩，所以現在更要胡作非為？錢少不應是藉口。假若在小事沒有原則，那麼在大事上也一樣不會有原則。說「食埋今餐，聽日減肥」的人，永遠都找不到人魚線。

況且以投機心態買入，所買並不會多，由於本金少，即使股價升兩三倍，賺到的也只是夠去一次旅行。相反穩健的股份，能給人足夠的信心，讓人敢「瞓身」，即使升幅只有兩三成，也可以賺到不少錢。只有在充分了解企業下作的投資，才會讓人放心。相反投機的金額或不多，但對所買缺乏充分了解，或是自知根本是在「膽博膽」，反而容易讓人難以安心。投資並非賭博，不要把資本變成大鱷的點心。

那些看似便宜實際卻沒有價值的股份其實是價值陷阱（Value Trap）。淨現金可能派發或賣殼，其實都是憧憬，更可能是價值陷阱。數字以外，管理層作風、企業身處行業的營運模式等，同樣重要。

無形之手（Invisible hand）是亞當史密斯（Adam Smith）《原富論》（*The Wealth of Nations*）的最大發現。筆者手中的鋼筆，由筆蓋、筆桿、筆芯、握位、墨管、筆尖、彈簧等多個組件組成。各組件的原料開採者、生產者各不相識，廠商、運輸、零售之間亦未必相識，但通過市場「無形之手」，觸動每個人的自利心，毋須專人統籌，鋼筆自然而然穩妥地來到筆者之手。「無形之手」的威力，如何能讓人不讚嘆？

投資市場也有一隻「無形之手」，儘管參與者來自五湖四海，但它總能慢慢的、按企業質素好壞給予估值，把最高估值給予最優質的企業，並讓其長升長有（看看那些藍籌股份）。投資市場多年的經驗，不是已反覆證明，只有真正具質素的企業才能獲市場「無形之手」的眷顧嗎？

市場上被嚴重低估的股份不多，優質的更是稀有（有多少家能躋身恒指成分股10年以上），買錯股份損失的不只是資金，還有資金的時間值。不理會「無形之手」的投資者，從來不能在市場長期獲利！

4.7

每盤人腦電腦圍棋大戰後，AlphaGo之父Demis Hassabis都會第一時間上Twitter更新。彼得林治因太太、女兒喜歡某類產品，而找到十倍股。Twitter現在活躍用戶已突破3億，連AlphaGo之父也常用，那麼是否便代表其別具投資價值？

今試問，股權激勵（Stock Based Compensation）算不算是真正開支？不少投資者皆認為股權激勵並非真正開支，因為公司毋須真金白銀的付出。且股價愈高，員工回報愈豐，是故更往往被視為有激勵員工士氣之效，在注重人才的IT界尤其盛行。然而股權激勵並不是真的免費，它的代價是現有股東權益會被稀釋！

股神巴菲特今年也在巴郡的致股東信中寫道，公司管理層往往希望股東忽略某些真實存在的支出，股權激勵便是當中最明顯的例子。股票薪酬不算支出，哪又該算是什麼？

Twitter股權支出達利潤247%

在美上市的企業，須採用美國一般公認會計原則(Generally Accepted Accounting Principles, GAAP)，但不少企業，也會在財務報表中列出備考業績（Non-GAAP，多是剔除一些非經常性開支），以供投資者參考。兩者的一大分別，便是股權激勵開支入賬與否。

3%至5%的股權開支，或許影響不大。但按華爾街投行Bernstein的推算，Twitter 2015年的股權激勵支出，原來已達備考利潤的247%。更

股權激勵有代價

重要的，是過多的股權激勵，會和股價下跌造成惡性循環。太多新增股份，對股價造成壓力。股價下跌，企業惟有發放更多股份留住人才，結果卻造成股價再度下跌。至2016年3月，標普500指數一年下來微升1%，但Twitter卻下跌超過六成。

上市公司年報裏的數據重要，上市公司年報裏找不到的數據更重要，上市公司年報找得到，但管理層千方百計不想你知道的數據最最最重要。

產品或服務優質，並不直接等於企業值得投資。發現好產品只是投資過程的開始，須加上嚴謹的分析，才能下投資決定。Twitter的產品或許很受歡迎，但看過如此有趣的股權激勵方案後，你還願意當他的股東嗎？

美股的深度和股份質素或許要較當下的港股為佳，但在尋寶之前，你有沒有花時間去弄清楚GAAP、Non-GAAP和IFRS（International Financial Reporting Standards，國際財務報告準則，一般適用於港股）的分別？「陪太太逛超市投資法」，或許只是哄太太的甜言蜜語（哪會有女人不喜歡被讚能帶來好運？），但要投資獲利，花長時間的基礎分析才是關鍵。

圍棋人腦電腦大戰，李世乭的出場費達兩萬美元，如勝一盤則可另外獲3萬美元。如有人問：「你下一盤棋，便能賺5萬美元，豈不是很好賺？」李世乭大約會在臉上含笑，曰：「你看到的只是我幾小時的專注。但你看不到的，是我30年的日日苦心鑽研。收你5萬咪算便宜你囉。」然後心中暗罵：「You son of the bitch！」

CHAPTER

5.0

投 資 方 法 學

在通脹似有還無、通縮若隱若現、港元隨美元升值的當下，將資本存於銀行豈不是更簡便更一了百了？為何要每日望着股市擔驚受怕？

巴菲特在投資旗艦巴郡的年報《致股東信》中寫道：「1964-2014年，標普500指數從84點漲至2059點，如果加上股息再投資，回報將達到112倍。與此同時，美元的購買力卻萎縮了令人吃驚的87%。現在需要一美元買到的東西，在1965年花13美分便可買到了。」

資金的面值並不等於資金的價值，面值不變不代表價值不變。如何通過投資，將資金升值，是在資本主義社會改善生活的一大學問。

債券或現金的賬面值不會改變，儘管強勢美元或許還會維持一段時間，但從10年、20年甚至50年的角度來看，美元和股市的表現能差上十萬八千里。持有和美元掛鈎的港元或債券只會成為美元長期貶值下的陪葬品。

5.0

投資是什麼？巴菲特將投資定義為：「將當下購買力讓給他人，同時合理預期在未來將獲得更大的購買力。」投資就是為了購買力的上升。

1995年，蓋茨（Bill Gates）第一次成為全球首富，其時身家約為93億美元。巴菲特緊隨其後，資產也達92億美元。到了2015年的《福布斯》富豪排行榜，蓋茨的身家更增至792億美元，巴菲特也有727億美元。20年過去了，兩人為何仍能在富豪排行榜中稱雄？又為何在基數較高的情況下，身家依然能暴漲？

答案是其持有的資產不是現金（現在的93億美元，全球排名應已在100名以外），而是優質企業。不論是蓋茨的微軟，還是巴菲特的巴郡，都是能持續成長，且大幅跑贏通脹的企業。沒有人知道貨幣貶值的速度，然而優質的資產，永遠能夠在貨幣貶值浪潮中升值。

股票較債券現金安全

優質的股票和物業或許都能抗拒貨幣貶值，但當中的一大分別，在於物業本身沒有創造力，只能保存而不能輕易創造購買力。相反優秀的企業管理層，能通過創意、管理、財務等各種方法來提升企業價值。

蓋茨和巴菲特能長期保持其財富的底因，便是將資產置於優質企業，通過企業的成長來讓財富增加。兩人資產的購買力並沒有隨時間貶值，反而

隨企業的成長而升值（當中還經歷了科網泡沫、911、金融海嘯和歐債危機），投資者能否明白當中智慧？

但是股市會大幅波動，是否代表股市較危險？

巴菲特説：「股票價格的波動性總是會比現金等高得多。……在大學的商學院，波動性幾乎肯定會被用作衡量風險的指標。雖然這樣的學術假設使教學變得容易，但它錯得離譜：波動性遠不是風險的同義詞。將兩者畫等號，必將學生、投資者和CEO們引入歧途。」

債券的波動較股票為小，現金更是不會波動。然而，過去20年蓋茨和巴菲特的財富增長，不是已在反覆説明，長期而言，股票（優質的）要比債券和現金安全得多了嗎？

如何能做到？當然不是靠不斷的短期交易，而是必須以價值為依歸，長期持有優質股份，並且不會輕易被價格左右，動輒將之前的買入原因拋諸腦後。投資有紀律，荷包自然會成長（並腫脹）。

在恒指仍離之前高位近三分之一的今天，不少優質股份如騰訊（00700）、港鐵（00066）等早已創歷史新高。投資者不應期望借助牛市賺錢，而應致力牛市熊市均能賺錢（好企業牛市熊市均能增長）。

港股「大時代」，適宜投資，不是「大時代」，也適宜投資，幾天的起起跌跌其實無關宏旨。

5·1

樂觀熱誠的投資者從不怕找不到好股份,但戰勝市場的關鍵,不在於選中哪隻優質股份,而是態度。

做功課、睇長線、投資不投機,差不多是人人通曉的投資理念,大部分人並非不懂,只是往往抵受不住感性的侵襲,決定時被「好多人都睇好呢隻股票」、「有想像空間」(讓人有憧憬)和股價突然上漲(股價上升5%,投資者IQ和勇氣馬上上升50%)等感性思維所左右,將之前的理性分析通通拋諸腦後。

「群」字從羊字部,正是反映人們多是如羊群般喜歡從眾,喜歡站在大多數人的一邊。合群讓人感到自己正確。

羊 群 效 應　　人 云 亦 云

在人頭湧湧的阿信屋內,顧客多是一袋二袋的滿載而歸,但是否每人都清楚其所買貨品的價值?是羊群效應般的人買我買,還是見減價而不能自已?貪平而買的韓國朱古力餅,吃了兩塊便放下了,假若沒有價值,再平也不過是浪費時間金錢;同理,投資者因貪平而買入,又或是高追只有「憧憬」而沒有質素的股份,損失大約早已不能避免。相反,假若堅持只投資於具質素的股份,煩惱會否少很多?

克服人性弱點

2003年羊年，筆者剛接觸股票不久，過年期間親朋戚友拜年團聚，少有不談論股票的。當時市場焦點，一是美國會否揮軍伊拉克，讓油價上升，帶動一眾資源股份；二是歐羅持續走弱，出口股如思捷（00330）等是否值得買入。

筆者當年的心水，是近乎從沒有親戚朋友提到過的港鐵（00066）。看好的原因，一是將軍澳線剛於2002年中通車，沿線的物業收益將於未來數年入賬。二是政府運輸政策因環保而向鐵路傾斜，鐵路覆蓋面未來只會不斷擴大，賣樓和車站商務收益隨之滾滾而來，是穩定增長的保證。

一來無關宏觀大勢，二來也沒有想像空間。如此「悶」的股份，當然得不到大眾的青睞。親友們還是喜歡那些新聞多多，又或一些合乎宏觀政經因素的熱門股份。

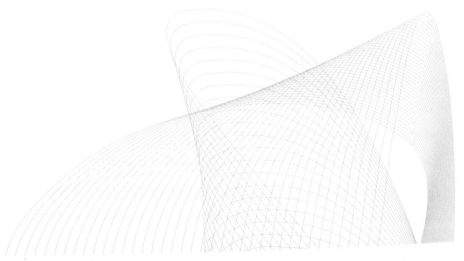

但難道喜歡地鐵的人較少，便等於地鐵沒有投資價值？當冷靜下來，人們心裏都知道，投資決定正確與否從不由人數多寡決定。惟人們就是脫離不了，「多數等於正確」、「有想像空間」、「開車憧憬」等的感性羈絆。以感性作依歸，倉卒間作的決定往往都是不正確的。

至2015年，12年過去，羊年重臨，地鐵的基本因素大抵沒變，它也是一如既往地絕少成為市場焦點。然而其股價，已從上一個羊年的8元左右，上升至約36元（還未計12年間派息近6元）。地鐵（現在稱港鐵）已搖身一變成為市值2000億的巨企了。

數條新鐵路將先後落成（縱使會有不同程度的延誤），港鐵未來幾年大抵還是會很「悶」地穩定增長，或許還是會繼續不為大多數人所注意。但這到底會是一個好的，還是壞的投資項目？

人云亦云、欠缺獨立思考、又或心情隨股市升跌而波動的人，永遠都無法勝過市場。

因為你就是市場。

五星星回報來自管好黑猩猩
一時衝動下的決定，通常都不是好決定，但這其實並不是你的錯，這都是你心中那隻黑猩猩惹的禍！

Steve Peters是英國著名心理學家，曾助英國單車手勇奪多面奧運金牌，其著作《黑猩猩悖論》（*The Chimp Paradox*）闡述，我們的大腦天生便有一隻黑猩猩住在其中。

大腦的前額葉、邊緣葉和頂葉分別扮演人類、黑猩猩和電腦（運算）的角色。在大部分時候，都是「人」在掌管你的大腦，讓你表現你想展現於人前的一面。但當受到壓力，衝動且情緒化的黑猩猩便會跳出來，把「人」制服，接管你的大腦。讓你做了許多自己也知道不對，頭腦冷靜時絕對不會做的蠢事。

舉例說，假若約會時女朋友遲了一個多小時才到，你會冷靜並着緊的問一句：「沒出意外吧？擔心死我了。」那將會是幸福一天的開始。

反過來說，假若你滿腔怒火的問道：「你到哪裏去了？知不知道我已等了你一個多小時？」筆者的忠告是，想死其實有很多種方法，你並不需要選擇最殘酷的一種。

黑猩猩總是在人們遭受壓力時跳出來，並讓你進入戰鬥、逃跑式、觀望模式。足球比賽中，總是落後的一方或非勝不可的一方，會在比賽的最後階段接連做出鹵莽犯規而領牌。烏拉圭球星蘇亞雷斯，以喜於比賽時咬對手而聞名於世，便每次都是出現在球隊落後之時。

無法取得入球，但腦海裏的「黑猩猩」已讓你進入戰鬥模式，結果便是向周遭的人發脾氣甚至動粗。股市下跌，投資者感受到壓力，但今次黑猩猩選擇的大多是逃跑或觀望。未放等於無蝕，結果是讓你「賺粒糖，蝕間廠」。

順境波人人會踢，但逆境總會出現。我們無法避開逆境，但有效的心理管理能令人減少焦慮，作出更佳決定，而不會墮入壓力→焦慮→犯錯→壓力的負循環。

情緒化的黑猩猩並非一無是處，因為它總是第一個告訴你something is going wrong，你也毋須為此與生俱來的天性而自責。你唯一要做的，便是好好管教它，因為這將有助你快樂和成功。

七招教你處理情緒

要阻止黑猩猩奪走控制權的辦法，最簡單的便是在腦中設定一個自動駕駛系統。書中提出了七個簡單步驟助你處理壓力。一、察覺與改變；二、暫停鍵；三、撤離；四、直升機和其視角；五、計劃；六、反省與執行；七、微笑。

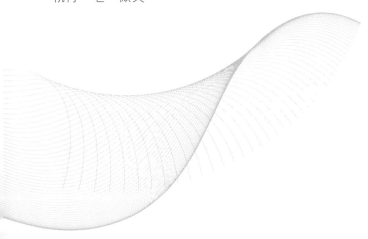

避免情急下做錯決定，最簡單的便是停一停、諗一諗，讓你腦海的「人類」有機會介入，然後將自身從情景中抽離，嘗試從高處（長遠角度）來審視全局，才制訂計劃和執行。

當股價大幅波動時，投資者經常都會想到自己身家多了或少了幾多個零。然而，當冷靜下來，想到股份估值已升至較過去10年平均值高出甚多，又或已跌至較價值出現巨大折讓，那會否更易作出正確決定？

另一個簡單的方法，是每晚睡前回顧當天所做過的決定，然後審視是否合適、能否做得更好？那些是「人」做的？那些是「黑猩猩」做的？久而久之便能提高思考和決策能力。

不承認錯誤往往是投資者所犯的最大錯誤。犯錯是投資過程的一部分，惟成功的投資者會懂得及早更正和從錯誤中學習。凡事自怨自艾，或諉過他人的人，肯定無法從股市獲得好處。

巴菲特在巴郡的投資記錄，其中有10個年度表現遜於標普500指數，但偶爾的落後，並無損巴菲特的偉大。沒有人能預測明天的股價，落後甚至失誤也是投資過程的一部分。

因「擔心」而沽出正處於上升軌道的股份已然不妥，因股份短期沒有表現而沽出更是愚不可及。重要的不是股份能否每一年都跑贏指數，而是股份能否在一個周期中能大幅跑贏！

忌 期 望 過 高

單單戰勝恐懼並不足夠，投資者要克服的另一道難題便是貪婪。

上世紀三十年代，邱吉爾因政途不順，在劍橋大學教授人類學。某天，他在課室內大喊：「人身上哪個器官，會因受外來刺激而變大12倍？」班上學生大吃一驚，一眾女生更是臉上緋紅。邱吉爾指着一個面上發燙的女生：「你來回答。」女生道：「呃，那顯然是男性的那話兒。」邱吉爾喊道：「錯！有誰知道正確答案？」另一女生舉手答：「正確答案是瞳孔，瞳孔在黑暗時會放大到正常尺寸的12倍。」「當然！」邱吉爾嚷道，然後回首前一位女生說：「年輕的小姐，我有三件事要和你說。一是你沒有備課；二是你思想不純；三是你將因期望過高而失望。」

在投資市場，每年多少回報才算合理？巴菲特某回演講，問聽眾：「道瓊斯指數從1900年的66點，上漲到2000年的11497點。100年間升了173倍，那麼年均增長是多少？」100年漲173倍，那麼每年有沒有漲1.7倍？答案是連17.3%也沒有。正確答案是，只有5.3%。

道指年均升幅才5.3%，中國經濟每年增長連8%也沒有，為何仍期望自己的投資能每年輕易的增長20%，甚至30%？不合理的期望當然無法達到，或惟有加大風險才能達到，結果將自己的投資付諸於運氣。

假設一名投資者在30歲時，以50萬元本金開始投資，年均增長12%（會不會太低？），到60歲時能取回多少？答案是1500萬。若推遲到65歲才取回，資本更會滾存到2600萬元。除非遇上超級通脹，否則相信已足夠投資者安享晚年。巧者拙之奴。不合理的投資期望（源於過分貪婪）只會讓投資者變得投機，浪費了資金和時間成本，也錯過讓資本穩定而持續增長的機會。

借《老子》說事投資不妄為

「無為」是《老子》一書的中心思想，但無為並不是不為，而是不妄為。是故「無為而無不為」的真正意思，其實是「只要不妄為，便沒有什麼事是做不成的」。

為什麼要不妄為？因為「禍莫大於不知足，咎莫大於欲得」，是故「知足之足，常足矣，知足不辱，知止不殆，可以長久」。投資始於貪婪，卻成於知足。過分執着，堅持要賺盡最後一分一毫，往往容易因小失大。

高追是執着，撈底是執着（除了事後，又有誰知道最高最低在哪？），孤注一擲式的博取，更加是執着。心有妄想，自然容易妄為。《老子》認為世間萬事萬物自有其運行規律，有眼光有耐性，賺取應得者，已經很好。不知足而妄圖，反易得咎。放下妄想（真的有人能每次都賺盡最後一分一毫？），放棄妄動，從大浪中獲厚利的機會反而更高。

不止道家，充滿佛家哲學思想的《天龍八部》亦有如是説。當中見識、修為、武功最高的掃地僧在少林寺説法，曰：「佛門子弟學武，總是心存慈悲仁善之念，倘若不以佛學為基，則練武之時，必定傷及自身。功夫練得愈深，自身受傷愈重⋯⋯每日不以慈悲佛法調和化解，則戾氣深入臟腑，愈隱愈深，比之任何外毒都要厲害百倍。

「大輪明王是我佛門弟子，精研佛法，記誦明辨，當世無雙，但如不存慈悲布施、普渡眾生之念，雖然典籍淹通，妙辯無礙，卻終不能消解修習這些上乘武功時所鍾的戾氣⋯⋯本寺七十二絕技，每一項功夫都能傷人要害、凌厲狠辣，大干天和，是以每一項絕技，均須有相應的慈悲佛法為之化解⋯⋯須知佛法在求渡世，武功在於殺生，兩者背道而馳，相互制約。只有佛法愈高，慈悲之念愈盛，武功絕技才能練得愈高。」

投資本是為了達到財務自由，以期舒適安逸的生活，而非帶給你苦惱。但賬面利潤的起跌、股價的大幅波動，愈易令人沉迷、深陷其中。只有讀一點哲學和歷史（索羅斯的最愛），開闊視野胸襟，才能讓人靈台清明。

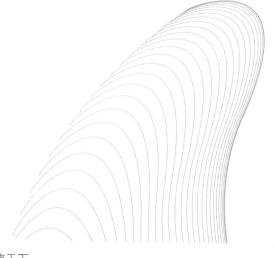

換位思考莫蔽於眼前景象

然而投資者往往蔽於眼前的景象，只懂得從自己的視角看事物，卻不懂易地而處，換位思考，在生活上固然引來誤會，投資虧損也往往由此而來。

李安兩奪奧斯卡最佳導演，然而筆者最喜愛的，卻是其早期作品《飲食男女》。退休廚師老朱（郎雄飾），每周末等待3個女兒回家吃晚飯，由此展開兩代在家庭、生活、職業等不同範疇上價值觀的衝突。

影片中大女兒年逾三十仍雲英未嫁，嘴裏説是為了照顧鰥夫父親而自我束縛，並以此逃避內心對愛情的渴望。不過，在父親角度，卻認為是要照顧嫁不出去的女兒一輩子⋯⋯

人們總喜歡從表面印象直接跳往結論，然卻甚少會花時間去尋找真相。但只有價值和價格的巨大差異，才會帶來一次次巨大的獲利和虧損機會（假若人人看法一樣，又何來會有交易？）。世上會花時間去找尋真相的人極少，所以投資市場上的贏家，從來都是少數。

《飲食男女》的結局，郎雄在家宴請一眾親友。眾人以為其要宣布迎娶年齡相若的鄰居歸亞蕾，但實情卻是，朱爸早已和歸的女兒張艾嘉情根深種（嘗試從男人角度思之。你懂的）。世上從沒有意外，也沒有無緣無故的上升和下跌，所謂的意外，不過是你沒有看到事物的裏因。

5·2

若無法克服人性中的弱點，最簡單的方法是以紀律來取代人性作長期投資。*The Elements of Investing*的作者Burton Malkiel和Charles Ellis認為，只要做好兩件事：資產配置（Asset allocation）和指數化投資（Index），便能讓你在較低成本（時間、精力和金錢）下獲取較大回報，投資並沒有大部分人想的那麼複雜。

Burton Malkiel和Charles Ellis不但是普林斯頓和耶魯的大教授，更分別寫下*A Random Walk Down Wall Street*和*Winning the Loser's Game*兩本膾炙人口的投資名作。兩人在年逾七十，投資功力已臻化境之際，合作寫成的卻是一本淺白易明，直指投資本質的*The Elements of Investing*（正文只120多頁）。

所謂資產配置，即是定期投資、紀律化地投資。投資並沒有對手需要去打敗，你也不會被別人打敗，卻常常會被自己打敗。投資者總希望低買高賣，2015年4月份股市上升後買股的人，一定比一年前股市沉寂時要多；到8月股市急跌，賣股的人卻不一定較4月份時少。恒指過去8年大部分時間在19000至25000點區間，到底是提供了更多獲利，還是犯錯機會？

嚴格執行紀律

Charles Ellis説：「Make timing is a wicked idea. Don't try it— Ever.」許多人嘗試捕捉市場的高低位，結果卻是被自己的錯誤擊倒。許多人在這樣做，只説明可以這樣做，但並不代表這會帶你走向成功。

投資者要做的，其實就是不斷地尋找undervalued，又或看似貴但其實不貴的股份。不要期待自己會買中最低位，擺脱被市場和新聞牽着鼻子走的羈絆，才能更好的分享企業成長，並付出更少時間、精力和金錢代價。

只要找到了，時間就會站在你的一邊。分段投資、定期吸納優質股份，是捕捉經濟周期大浪的有效竅門。只要不妄為的聽而任之，周期可將你的雪球（資本）愈滾愈大。投資者要做的，便是定期看看雪球去到斜坡的哪個位置（盈利增長會否減慢或結束），不要輕易分心或被左右。

時刻思索周期會往哪裏去？現在又在周期的哪個階段？明白周期，奉行紀律，順周期而馭之，Follow the trend not the chart。

經濟大約每六七年便一個周期。從30歲至65歲，35年間便大約經歷5個周期。在一個周期中持有優質股份能讓你有滿意回報，連續5個周期（複利）都能堅持持有優質股份，定能讓你退休無憂！

指 數 化 投 資 保 長 勝

*The Elements of Investing*的另一建議：指數化投資（Index），好處在於買指數便等於買市場。你或許會錯過一兩隻超凡股王，但指數成分股的基本因素大多有一定保證，讓你大體能分享股市上升的好處。

指數基金之父John Bogle成立的領航基金（Vanguard），多年來表現都要比大部分主動型基金好，證明低成本的指數基金，表現一樣可以相當不俗。

Bogle主張的被動型投資法跑贏主動型基金，評論對此的解讀，多是選股並不重要，因為沒有人能長期跑贏大市，所以應該放棄主動選股，而投入被動投資的懷抱；然而，這實在是個美麗的誤會。

指數基金表現較大多數基金好的底因，並不在於其不選股（獲納入指數的股份質素一般都不太差，太差的根本不會獲納入，又或早已被剔除），而是在於其能真正的貫徹「長線投資」。

基金經理並不一定不善選股，但在面對贖回或表現不佳的壓力下，基金經理常被迫買賣股份；而且常常面對市場上的誘惑，一不小心，便會隨波逐流，變成投機炒賣（轉手率turnover ratio隨時三五成）。基金經理也是人，一樣有人性的弱點；在貪婪和恐懼面前，一樣都會有把持不定的時刻。

指數基金的優勢，在於其能避開市場誘惑，而一心長期持有優質股份（一般在10%以下），徹徹底底作長線投資（並定期吐舊納新）。

反過來說，試問以年為單位持有優質股份，抑或不斷反覆炒賣恒指成分股，哪個回報會更好？被動型投資法的成功，非在說明選股無關重要，而是在說明長線投資的重要。

看 對 趨 勢 追 隨 到 底

看見趨勢，不難。找出優質股份，有點難。嚴格執行紀律，追隨至趨勢發展的最後一刻，極難。不少評論說，是資訊科技革命，讓蓋茨成為全球首富。哪為什麼是蓋茨而不是其他人？馬雲成為中國首富，難道只是因為他幸運地遇上了內地互聯網革命？

阿里巴巴集團的主要業務，2007年前是出入口（曾來港上市的阿里巴巴），現在是網購（淘寶、天貓），未來則可能是金融業（支付寶）。

看對趨勢本身並不會讓你賺錢，看對趨勢並一路跟蹤追隨才會。反過來說，如果馬雲一時擁抱互聯網，一時又推開，又或中途放棄，如此的翻來覆去。馬雲又會否成就今天的事業？

古往今來，做生意發達的大有人在，炒股票發達的卻是鳳毛麟角。是故投資者應該以做生意（擁有一盤生意）的心態來投資。既然是做生意，又豈會隨便地輕易買進賣出？

人人都羨慕巴菲特找到可口可樂、吉列等好股票，但如巴菲特是長期炒賣而非長期持有，他會否有今天的投資成就？巴菲特能長期跑贏大市的底因，不但在眼光，更重要的是紀律和耐性，讓其能堅持長期持有優質股份。巴菲特、指數基金和主動型基金三者間，你更屬意哪一種投資方式？

指數化投資用於成熟市場如美國，當然甚是。但對處於經濟轉型中的中國市場而言，江山代有股王出，面對當中有近一半是往昔股王金融股的恒指，你難道真的沒有跑贏的信心？

資產配置和指數化投資，簡單，卻不容易(Simple but not easy)。便似要身體健康，總離不開充足睡眠（娛樂愈多，早睡早起的機會成本便愈高）、適量運動（你能堅持每朝早慢跑半小時嗎？）、均衡飲食（可惜的是，美食和美女一樣，美味的通常都是不健康的）和保持心境開朗（又是時候彈一彈曼陀鈴了），但能做到的有幾人？

《易經》諸卦，惟謙卦無缺乏。世上真的有人能賺盡每一個波浪？雲雷屯，君子以經綸。在千百股份中找出股王固然是浪漫，有耐性和紀律持有至趨勢完結，一樣是浪漫。

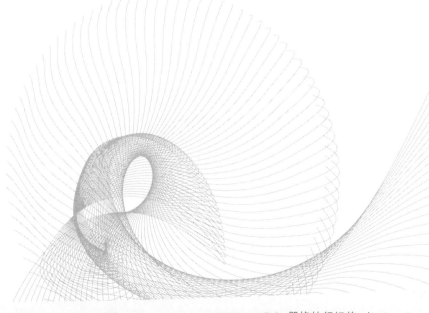

5.3

股市從來都只有少數人能夠賺錢，而每隔一段時間，便會冒出一批少年股神（近年流行的是少年樓神）和「專家」，彷彿按一個鈕便能發達。惟一時的投資成功，隨時是運氣（就似猴子擲飛鏢勝過專家），能長期成功的有幾人？技術分析的始祖 Jesse Livermore一生多次破產，最後自己讓自己的live也不能再more。技術分析到底是怎麼一回事？不若便借《倚天屠龍記》的其中一個段落説事。

話説蒙古郡主趙敏，帶着一眾手下上武當山鬧事，明教教主張無忌擔心太師父張三丰安危，星夜上山馳援。趙敏派出劍術名家方東白叫陣，因其劍術精湛，出劍奇快，有如生了七八條手臂一般，是故江湖上人稱八臂神劍。

張無忌原不懂劍術，只剛學了一套張三丰傳授的，慢吞吞的太極劍法。且對方使的是削鐵如泥的倚天寶劍，自己用的卻是柄木製的假倚天劍。不用比，這場仗也似輸了九成。

方東白猱身進劍，一劍刺到，青光閃閃。不論擋格還是互砍，木劍也必被削斷不可。張無忌卻將木劍橫過，畫個半圓，平搭在倚天劍劍脊之上。兩兵刃雖一是寶劍一是木劍，但平面相交，寶劍木劍實無不同。張無忌乃以己之鈍，擋敵之無鋒！

技術分析「自圓其說」

近月股市尤其波動，便似是在引導你隨波逐浪，放棄固有熟悉的投資方法。用自己的弱項，和別人的強項比併，世上還有比此更笨的事情嗎？即使你改變自己，嘗試三天五天的改變看法，難道真的有助獲厚利？為5%至10%的蠅頭小利翻來覆去，難道真的很有趣？

方東白久攻不下，連換六七套劍招，「以極渾厚內力，使極鋒銳利劍，出極精妙劍招」，大廳一時「青光盪漾，劍氣瀰漫」。但不管對方如何變招，張無忌仍是那一招，以弧形刺出，以弧形收回，不斷的畫着大大小小、正反斜直、各種各樣的圓圈。

技術分析（或圖表分析）有不同派，但即使同一門派，單一圖表也可有不同的形態分析，永遠都會有能自圓其說的說法（突破後說突破，兩天後跌破，又說是假突破。真是何苦由來哉？）。

假若你確信大數據、人工智能等在未來10年，將深遠地改變世界，那麼每月以月供形式買入一點相關的科網股份，不已是最簡單的投資方法了嗎？

競 猜 短 期 波 動 無 意 義

即使你對圖表的左方有萬種解讀方法，也往往難以參透圖表的右方三分。更重要者，是短炒你決不敢瞓身（心裏大約也感覺不是在做正事），長線投資則買多少均可。在千變萬化的投資領域，人們唯一可恃者，不過是理性思維和紀律而已。

兩人拆到二百餘招後，方東白劍招漸見澀滯，因木劍每發一招，便似放出一條細線，纏在倚天劍之上，積成一團團線棉，倚天劍重量不斷加重，五斤、十斤、二十斤……最終被張無忌打落。

不管短期走勢多麼炫目，其最後都必服膺於趨勢發展。眼前港股波動的原由，在於舊經濟股份太多，新經濟股份太少（假若在美上市的中資科網股在港上市，港股是否早已創出新高？！）。假若你深信新經濟股份將在未來20年改變世界，那麼便決不宜被眼前的跌跌碰碰改變想法。

曹仁超先生在其最後一個訪問中也說道：「真正的投資者，應着眼5年後的大市走向，而非5天後的短期波幅——所以我衷心希望散戶能用心學習長遠投資。」

一輩子很短，時間只花在有意義的事情上。競猜短期股市波動，當然並不在列。

5.4 ——「由下而上」嚴謹選股

能奉行紀律的人實在太少，胡亂買賣的理由卻有一卡車那麼多。投資持續成功，實賴認真嚴謹地選股。

在每次投資前，投資者必須問自己3個問題。一是這家企業10年後還會存在嗎？不要小看這條題目，看看10年前後港股比對，便可知其實相當不容易。二是這家企業會變得愈來愈有價值嗎（有價值的資產和企業，只會隨時間升值和成長）？三是你願意投資於這樣的企業嗎（要經營模式和價格合心水才可以）？三思而後行，做錯決定的機會當然大減。

投資界常有爭論，到底是「從上而下」選股（Top-Down；從經濟、行業、企業一路分析下來）重要，還是「由下而上」選股（Bottom-Up；只注重企業的基本因素）更佳。

近年人們投資的原因，多是因為中國GDP每年7%、8%增長，國策又會如何向某些行業傾斜等等。以上這些並非不重要，然而行業或經濟分析都只是輔助（美國GDP年年低過中國），更為重要的是企業本身的競爭力和質素，能否持續成長（美股卻年年創新高）。Bottom Up的策略其實更為可取。

科網、環保、醫療等行業未來五到十年大抵都會保持在兩位數的增長，當中或許將產生不少千億以至萬億企業。但更加肯定的，是當中經營不善以致倒閉，又或忽然變身以求投資者青睞的只會更多。相反，金融、房產、零售等競爭激烈的行業，也會有企業在長期整合中脫穎而出。應該在不同行業中找出優秀企業，而不是在好的行業中什麼企業都買。

這令筆者想起麥嘉隆先生的《麥言回首——秒殺偽管理》的一章，作者獨排眾議的指斥暢銷書《藍海戰略》（*Blue Ocean Strategy*）乃紙上談兵，企業身處藍海（未被開發的新市場）或紅海（競爭劇烈的舊市場）根本無關成敗。他以十多年前一家強調飲食健康並附以中藥入饌的餐廳開業不久後便關門，相反身處同區的九記牛腩卻一直火紅為例，說明行業並不是衡量投資決定的關鍵因素，企業本身才是！

那些具有強勁的基本因素，業務簡單明晰，年均十多二十巴仙增長的企業，投資者可以等待合理價格買入，然後讓時間來反映價值。優質的股份不論在順境還是逆境，也能帶來長期穩定的超凡回報。在行業面對困難時買入優質企業（估值低潮），然後靜待行業環境轉好，回報往往最豐。

也許就似托爾斯泰的名言：「幸福的家庭是相似的，不幸的家庭卻各有不同」，好的企業都是相似的，壞的企業卻各有不同。優秀企業的特質，不外乎具有護城河保護而毋須陷入劇烈競爭、管理層可靠能幹使企業能穩定發展、低負債及強勁的現金流等等，但請謹記，優質的企業和幸福的家庭一樣都是少數，隨意買賣隨時會將手中的珠寶換成稻草。

5.5

果斷放棄蟹貨

普羅投資者戶口裏，大約都有不少不想面對且不知該如何處理的蟹貨。到底應該繼續擱置一旁，還是忍痛割肉？

莎士比亞四大悲劇，道盡人性的弱點。《李爾王》講糊塗、《馬克白》道狂妄、《奧賽羅》討論自卑和輕信、《王子復仇記》則說猶豫。四大悲劇中，尤以《王子復仇記》描繪得最為深刻，因為糊塗、狂妄、自卑不一定人人都有，但遇事軟弱猶豫，不知該進還是該退，則肯定人人都經歷過。

輸錢始於看錯股票，但令虧損擴大的，卻往往是投資者的性格。投資者並非感覺不到痛，也不是不知道股份質素不夠好，只是無法克服心中的猶豫。猶豫並不同於忍耐，所受的苦楚並不會帶來回報，等待你的只會是更大的痛苦。懂得什麼是值得堅持的，什麼是再痛苦也必須放棄的，是人生的一大題目。如果還用堅持忍耐來掩飾猶豫軟弱，那更是自欺欺人。

持有優質股份，時間便站在你的一邊，股價隨公司盈利逐年遞升，加上股息再投資和複息效應，投資回報必以倍數遞升。但持有壞股票，時間卻可以過得很漫長，投資者不斷在失望與希望之間迴環往復，經歷無盡苦楚。

投資，從來都是有關投資項目和市場無風險回報間的相互比較。判斷股份賢愚，也要觀察市場宏觀氣候變化。各大經濟體的政府債券，常獲視為市場無風險回報率的指標。自日本、歐羅債券踏進負利率後，現在連德國國債也不能幸免，市場傳聞全球負孳息的債券規模已達10萬億美元。

大規模的負利率環境，開啟人類金融史的新一章，其效果如何，其蠶食銀行利潤幾許，現在根本沒有人能說出個所以然來。債券投資者往往被視為最聰明的投資者，現在寧願負回報也要買債，他們到底在害怕什麼？債券擠擁至負回報，高估值把犯錯空間壓縮得很少很少。以目前金融市場的緊密程度，只要稍有差池，牽一髮動全身的結果隨時是火燒連環船。優質股份一段時間後或能再創新高，但劣質的呢？

傳奇基金經理安東尼波頓（Anthony Bolton）說過，沒有人能每次都正確。買入五隻股份，有三隻能獲利已經很好；餘下的兩隻，有一隻是你買入後，買入原因的消失或改變讓你虧損；另一隻更是從一開始便已看錯。

千萬不可將「蝕本貨」置之不理，任由虧損擴大。今試問，100元的股份下跌一半後，再回升50%，股價會是多少？答案是只有75元。股份跌幅愈大，回升要求的幅度和難度便會愈高。

止　蝕　不　止　賺

《信報》健筆曹仁超先生的投資名言「止蝕不止賺」（另一名句則為「有智慧不如趁勢」），其大意即為：若股份較買入價已下跌逾10%至15%，投資者便要奉行紀律，進行止蝕。

Cut the loss，let profit run，是「止蝕不止賺」的中心思想。舉例說，買10隻股票，升跌各半；跌的那5家虧損15%時便止蝕，升的5家卻讓利潤往前跑，上升五成後才考慮沽出。10次下來，組合便升約兩成。

巴魯克（Bernard Baruch，美國第一代投資家）在*My Own Story*這樣說：「很多新手會賣掉有利潤的股票，來保護出現虧損的股份。但實際應該相反，應該做的其實是賣掉虧損的股份，而保留賺錢的。」

選錯股票賠了錢，沒什麼大不了的，反正誰都有走漏眼的時候；但選錯股還死抱不放，又或想加碼「溝貨」，那便真的很危險了。

BUY IN DIP

「止蝕不止賺」好處甚多,但它有一個非常重要的前提,不是找到好股票便馬上買入,而是要等待股份跌至心儀價位才買入,那便是Buy in dip,買入價一定要夠低。

股價上升,投資者腎上腺素同時上升,結果高價追入。待股份從高位調整後,又考慮要不要「止蝕」。這到底是哪門子的「止蝕不止賺」?

《鹿鼎記》中韋小寶被包圍在寺廟時,開玩笑道:「佛有三德:大定、大智、大悲。眾喇嘛持刀而來,我們不聞不見,不觀不識,是為大定;他們舉刀欲砍,我們當他刀即是空,空即是刀,是為大智;一刀刀的砍張下來,大家嗚呼哀哉,是為大悲。」嚇得身旁眾僧面面相覷,均想此話雖言之成理,畢竟太過迂腐,恐怕是錯解了佛法。半晌,才回道:「佛祖所說的大悲,恐怕是慈悲的悲,而不是悲哀的悲……」

投資者在較高價買入股份後,看到股份從高位下跌兩成,便又在想要不要止蝕。隱隱覺得好像有些不妥,卻又說不出個所以然來。這又算不算是「錯解」佛法?「錯解」佛法,結果當然是嗚呼哀哉。

找到對的股份（what you buy）是成功的一半，等到心儀價位才買入（when you buy）又再成功多一半。「止蝕不止賺」不但有助減少虧損，更有助清除組合內的雜草，保留花朵（高價買入，容易連花朵也被一起剪掉）。最後持有到股份買入原因已消失或股份嚴重超買才賣出。成功投資有時就是這麼的簡單。

你還是打算繼續猶豫下去嗎？To be, or not to be，原來真的is the question。

偉大的文學作品都有關人性。年輕時不會真的讀懂莎士比亞或者金庸，便似世上不可能有真正的少年股神。因為智慧的花朵並非出自天分，而是來自經歷的鍛煉。待見識多了，眼光開闊了，才了解偉大文學作品的精妙處，明白為何投資是藝術而非科學。

明天股市會升還是跌，筆者「木宰羊」。但股份下跌，看到的從來都應該是機會。再說一遍，「止蝕不止賺」的關鍵，不但在於機械式的執行，更在於一定要等待股份的難得低價。

5·6

既然價值投資的精髓是買平貨。那麼，低市盈率又能否簡單的直接歸納為平？若如是，一些質素參差的三四線股份，又或市盈率只4、5倍的內銀股，又是否被嚴重低估？

單純的市盈率低，並不是買入理由。

2015年12月，恒指市盈率9.7倍，較過去10年平均數的12.8倍，當然算是偏低。但假若依書直說的將之平白理解為抵買，或許便有錯解之虞。

以周大福（01929）和莎莎（00178）作例，在2015年12月，往績市盈率分別為11.1和9.2倍，可算不貴。但是以兩者當時公布的中期業績（截至9月底止），盈利卻下跌近半，這讓來年預測市盈率幾近翻倍，那到底還是抵不抵買？假若來年盈利沒有改善的話，盈利下跌之下又把市盈率推高，這又是否帶來新的下跌空間？

哲學家黑格爾有言：「存在即合理。」然而從投資角度而言，這實在是一句廢話。便似物業顧問曰：「樓按息率2厘，收租息率3厘，所以抵買。」一般，根本沒有意義。因為投資判斷考慮的從來都不是當下，而是未來。

估值工具各有舞台

美國大約不會大力加息，但當居民收入和租金隨經濟放緩而下跌，上述的公式便不成立。所謂的現價合理，到底又有何用？相反科網股份如 Google，市盈達25倍，又是不是一定代表很貴？

估值工具所顯示的數字只是作參考。平貴與否，更重要的是投資者自己的判斷。巴菲特說：**「找出那些看似貴但其實不貴的股份才最考眼光。」**

那麼，估值工具又是否無用？那也不盡然，這要看分析的行業和對象。早前市場憧憬科網企業能取得銀行牌照，開辦網上銀行業務。今試問：科網巨擘市賬率（P/B）不少在10倍以上，相反內銀股市賬率普遍連一倍也沒有，我們能否以此便判斷科網股太貴而內銀股太平？

假若不能，我們又能否以此便斷言市賬率無用？當然不可，因為市賬率正是長久以來判斷銀行股平貴最有效的工具。每樣估值工具皆有其合適舞台，世上並沒有最佳的估值工具，而只有最合適的。什麼時候用什麼估值工具是一門大學問。

投 資 決 定 兼 顧 多 多

財務報表以外的同樣重要。如上世紀七十年代初，置地公司和周鶴年爵士爭奪牛奶公司的控制權（即所謂的「置地飲牛奶事件」）。其時雙方出價日高，置地為完成收購，宣布驚人的1股送5股紅股計劃，並提出以股換股的方式收購牛奶公司。

消息公布後，置地股價急升（投資者知道那只是除淨前的股價嗎？），大部分牛奶公司股東遂願意接受收購。但結果是，用牛奶公司股票去換取置地股票，需時數十天，而置地股東的那5股紅股也要等上數十天才收到，只能在高位沽出六分一的持股。待一眾新舊股東收到股份之時，置地股份早已從高位下跌八成。即使現在，投資者也不一定注意紅股派發時間。投資決定要兼顧的，實在太多太多。

投資實在有太多的不確定，是故巴菲特説：「寧願要模糊的正確，也不要精確的錯誤。」世上只有合理的估值區間，而不會有合理估值，股份估值永遠在偏高偏低間迴環往復（有時甚至極高極低）。嘗試和股市講道理，後果可能會比嘗試和女友講道理還要糟糕。

價值投資不只是簡單地看平貴（如P/E）、看增長（盈利增速）又或看現金負債，而是對企業的生意模式、經營方向、管理層質素和財務報表等的一個綜合評估。買便宜股可以讓你更窮、買增長股可以讓你財富負增長。想賺錢獲利，惟有深入分析，而不是簡單的靠一兩個財務指標來作投資決定。

假若依書直説，盈利增長20%的，市盈率便一定是20倍，世上大約早已沒有窮人了。

5.7 ─ 買具市場經濟專利的股份

要擁有市場經濟專利固然不易，要建立市場經濟專利亦甚難。市場上大抵只有兩類公司：有市場經濟專利的公司和無市場經濟專利的公司，短期兩者分別可能不大，但長期相去可以極遠。

林森池先生在其大作《證券分析實踐》反覆論述的要旨，便是投資者應避開過度競爭的生意，而長線投資於股市中少數擁有市場經濟專利的生意。這些公司的邊際利潤較有保障，容許公司利用豐厚的溢利再擴充業務，鞏固其市場地位，改善經濟效益，最終得以保證溢利增長，而股價也因此節節上升。

有專利不等於有市場，便似本地的巴士運輸行業，雖有法例上專利權，但行業卻受其他交通工具挑戰而漸次收縮。

書中更看重的，是市場給予的經濟專利（毋須政府給予發牌）。若你擁有位於尖沙咀北京道或銅鑼灣羅素街地段的商舖，那麼龐大的人流及優越的地理位置，將令你享有豐厚的租金收入，並適時穩定增長。

中 信 敗 因

中信股份於上世紀八十年代來港，短短幾年間收購多家香港公用、運輸、民生業務企業，成為一家綜合企業巨擘，並於90年借殼泰富發展上市，兩年後更獲納入恒指成分股，成為首隻「染藍」的紅籌股。該公司於上世紀八九十年代發展甚速，後卻因投資澳洲鐵礦而錄得巨額虧損，這是為何？當中一個較少人提及的觀點，那就是中信從未能成功建立市場經濟專利。

中信早期投資的企業，有國泰（00293）、港龍、西隧和大昌行（01828）等等。國泰和港龍身處航空事業，業績有其周期性；西隧至今仍未連接中環灣仔繞道，且收費高昂，車流不足（沒有市場）；大昌行在本地汽車及食品行業有相當規模，但汽車和食品近乎完全開放的行業，須面對劇烈競爭（沒有專利）。

沒有深闊的護城河保護，盈利難免波動。中信於1997年迎來第一個高峰，盈利達72億元，但經過17年的起起跌跌，到了2013年，盈利仍只停留在76億元左右。

中信管理層並非無所知悉，但具有護城河保護的生意或資產，從來都是人人欲得之的稀有資源，並不能輕易得之。地理位置最為優質的地段（如中環或尖沙咀）、碼頭、電力等，一早已為其他投資者擁有，不要說收購，即使是想入股也殊不容易。

從過去30年的經驗可見，只有在萬不得已的時候（如置地因抵受不住高息，而在上世紀八十年代將港燈賣予李嘉誠），又或企業的市場經濟專利消失（如長和系近年因增長飽和而先後出售港口業務和分拆港燈），才會出售此等優質的生意。否則便會長期持有，盡享高利潤持續穩定增長的好處。

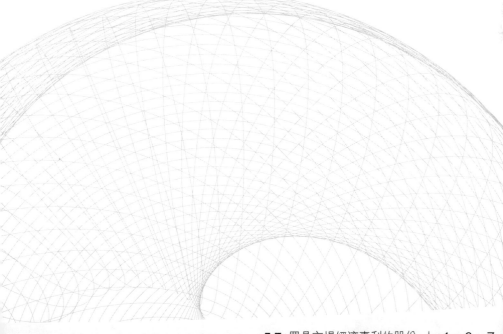

澳 洲 買 礦 本 正 確

綜合企業的長處，在於籌集資金，但分散投資於不同業務上，對經營者的要求極高。中信早年投資的部分業務（如國泰），更只是擔當投資者而非經營者的角色。既無關決策，即使有投資市場經濟專利行業的機會出現，也無法有效運用資源，好好把握機會。中信的管理層當然明白問題所在，是故才會發展高端的特鋼業務，在港夥拍太古興建又一城，更是得意之作，但部分業務的良好表現，並不能為公司整體建立市場經濟專利，是故才有2006年的澳洲買礦。

撇除炒爐澳元Accumulator不說，澳洲買礦的方向絕對正確。其時適逢內地製造業的崛起，對原材料的需求龐大（有市場），且鐵礦石是稀有資源，讓礦主擁有專利優勢。事後回看，中信對鐵礦石價格的預測亦非常準確。2006年鐵礦石每噸約30美元，2009年升至90美元，到2011年更升至180美元的高峰。

既然鐵礦石價格水漲船高，哪為何中信股份的股價卻持續不振？答案是執行上出現了大問題。中澳鐵礦所產的並非一般的鐵礦石，而是磁鐵礦，在提煉上有更高要求。且投資時忽略了當中的文化差異，使中信在環境評估和勞工法例等方面大失預算。鐵礦原打算2008年投產，結果要等到2013年才出口首批精礦粉，但項目已較預算超支5倍，且鐵礦石價格也已回落到120美元一噸（內地製造業的增長高速期已過，市場還存在嗎？）。

對重視基本分析的投資者來說，中信欠缺投資價值，非始於2006年投資中澳鐵礦，而始於其無法建立一個盈利穩定增長的生意模式。

投資者從來只宜投資於有護城河保護的企業，因為只有這些企業，才有壯大的機會。《華爾街日報》創辦時，全美國各主要城市都已各有至少一份屬於當地的報章。其創辦人無處可去，遂說：那麼我們建立自己的護城河吧！結果便創造了領導全球財經新聞的《華爾街日報》。馬雲在創業時常說，一般一個提案有八九成同事同意，我都扔掉，因為這已輪不到你了。馬雲後來遂成立了自己的護城河——沒有前人成功過的網購事業。

中信股份很便宜，但欠缺護城河保護，縱使業務再廣、引資再多，未來大約還會一直便宜下去。市場上的選擇看似很多，但能選擇的其實很少。**「博愛」在投資世界並不管用，有要求、寧缺勿濫，是高回報的先決條件。**

5·8

價值投資當然不只是數字上的平貴估算，在盈利、負債、現金流等一般投資者關注的項目以外，企業管治和管理層水平也是衡量企業價值的關鍵之一。

企業管治水平不可少

《商業冒險》：巴菲特和蓋茨都推薦的一本書

至於如何觀察企業管理層，不妨看看布魯克斯（John Brooks）所著的《商業冒險》（*Business Adventures*）。

話說1991年蓋茨和巴菲特初次見面，相見甚歡。不久後蓋茨請巴菲特推薦一本他最喜歡的商業書籍。巴菲特毫不猶疑地便送了一本《商業冒險》給他。

在此之前，蓋茨從未聽說過這本書，也未聽聞過這位作者（此書早在上世紀七十年代初便已絕版，難怪蓋茨沒聽過），但看過後馬上為之著迷。即便在巴菲特送書給蓋茨20多年後，也就是此書初版40多年後的今天。蓋茨對此書的評論仍是：「*Business Adventures*依舊是我讀過最好的商業書籍，John Brooks依舊是我最喜愛的商業書作者。」

這本書到底有何魔力讓世界兩大首富如此著迷？*Business Adventures* 收錄了布魯克斯上世紀六十年代在《紐約客》（*New Yorker*）所發表的12篇文章，通過一個又一個的個案、輕鬆幽默的筆觸，詳細描述並深入剖析現代美國企業的發展史。

50年前寫成的書籍會否已過時？筆者閱後的感覺是，時代背景變了，但許多商業的本質和企業的運行法則卻依舊不變。布魯克斯不但陳述企業的成敗得失，更在意企業領袖在當中扮演的角色。他關心的是人，有關人性的作品永遠都不會過時（就如每隔幾年重閱《鹿鼎記》、《三國演義》，以至《紅樓夢》，都會有新的領會一般）。

違 反 科 學 方 法 自 吞 苦 果

如在〈福特Edsel的命運〉（*The Fate of the Edsel*）一章，講述福特汽車信心滿滿的王牌產品為何成了商業史上最失敗的產品之一。福特的市場人員花了整整兩年時間來收集公眾意見和建議，以求能設計出美國中產階層最喜歡的汽車。車子不但以創辦人Henry Ford的兒子Edsel來命名，還花了比史上任何商業產品都要多的錢在設計上。

董事局從沒有想過Edsel會失敗，然而，它卻正正是一次徹底的失敗，總虧損達3.5億美元（1957年的3.5億）！！

布魯克斯反駁外界對Edsel失敗的普遍解釋，指出這非因過分追求民意調查的結果。相反是福特高層假裝按照調查結果辦事，卻忽略美國股市在1957年不景氣的背景，依舊推出中高端產品，並在不知不覺中採用了老套的宣傳手法，憑感覺行事，而不是依科學方法進行推廣，結果自吞苦果。

在2011年溫州動車事故前，內地高鐵經歷了狂飆猛進的10年。10年間修建的高鐵甚至超過西方40年的成果，並吸光了市場所有的資金（鐵路融資一度佔內銀總貸款兩成以上）。不理會市場，憑己意一意推行的計劃經濟效益如何，讀者沒有不知道答案的。

又如在〈施樂施樂施樂施樂〉（*Xerox Xerox Xerox Xerox*）一章，作者回顧施樂通過創新，研發出全球第一台影印機的過程。施樂的新產品很快在市場取得成功，公司年收入超過5億美元，當時一切的複印技術均獲大眾稱為「Xeroxing」。

不思進取　錯過創新

但過了幾年，施樂的管理團隊開始變得不思進取。公司依然投放大量資源於研發，並成功開發出第一代的圖形介面（如同現在的Windows）。但管理層認為，此研究成果無關公司的核心業務，是故最終都沒有將其變成產品上市。後來的企業如蘋果和微軟，均開發出建基於施樂研究成果的成功產品。

一家早期依靠創新思維起家的企業，後來卻在逐步壯大的過程中，錯過了自家研發人員提出的巨大創新。

不論產品、生產計劃或營銷策略有多完美，都需要合適的人才來領導和執行。就如巴菲特喜歡收購由優秀人才經營的傑出企業，又或在收購優質資產後，找傑出的經理人來管理一樣。

小投資者未必能決定企業的人事任命，但同樣能通過觀察企業管理層的言行來判斷企業的價值。投資者投資的不是一個證券號碼，而是在投資企業。

蓋茨認為*Business Adventures*的傳世價值可與格拉罕的投資經典*The Intelligent Investor*相比。他引述巴菲特說，無論企業的護城河在哪裏，在萎縮還是在成長，你都要把它找出來，並着眼企業未來的利益，從而選擇哪些是值得長期持有的。布魯克斯的敏銳觀察力正好有助找出企業的護城河，大家不妨看看他所著的*Business Adventures*。

巴菲特將絕版20年的愛書送給蓋茨，可見其對蓋茨的關顧。筆者手上的，是絕版了40多年的「孤本」，好友相贈，實在感恩，謝謝PS。

CHAPTER

6·0

投 資 大 師 的 故 事

無可諱言，投資帶有運氣成分，
然而運氣不能累積，投資智慧卻能代代相傳。
學習前人經驗和知識，
是欲做資金主人增加勝算者的必不可少。
世上沒有免費午餐，更沒有不勞而獲的投資果實。
要在股市中有所斬獲，努力研讀、
領會前人理論和經驗，乃是必不可少的功課！

6·1

美國作家John Train於1980年發表的著作《金錢之王》（*The Money Masters*），書中訪問了9位當時得令的成功投資者，包括現仍為人熟悉的如巴菲特、格拉罕（Benjamin Graham）、鄧普頓（John Templeton）、費沙（Philip Fisher）等，該書詳述了各偉大投資者的成功要訣，並比較各人之間的異同，讓人不但能了解成功投資者的共同特質，也能從中找到適合自己的投資方法。

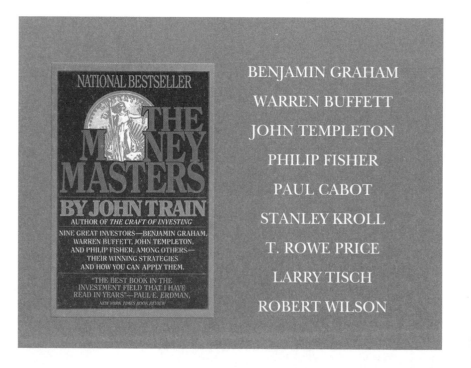

金錢之王

John Train本期望找出不同投資派別如成長學派、價值學派、技術學派、直覺學派之間的衝突，卻意外發現成功投資者皆重視基礎分析。他們所用的方法或許不同，但幾乎都是在說相同的事情：一是用嚴謹的方法看當下（如格拉罕），一是用審慎的方法看未來（如巴菲特）。沒有一位金錢之王是技術分析師，也沒有一位是不斷交易的短期交易者。

他曾打算訪問一位對股市漲跌非常敏感的年輕股市大亨，但在開筆之前，此人的投資已完全失敗。他還發現技術分析派尤其喜歡在股市見底，即將大漲前加倍沽空。

自格拉罕開始，到巴菲特和鄧普頓，John Train歸納出一眾金錢之王的共同特質：一、十分務實（類近於知之是知之，不知是不知的humble）；二、聰明絕頂；三、全心全意投入自己所長（任何事情，只有投入才能做得好）；四、奉行紀律且有耐性（investing in discipline）；五、是獨行俠（能獨立思考）。

BENJAMIN GRAHAM

即使在該書出版三十多年後的今天，《金錢之王》記錄的智慧依舊沒有過時。該書的前言結語是：「俾斯麥説：**『即使蠢人也可從自己的經驗中學習，讓我們試着從別人的經驗中學習獲利吧。』**」

格 拉 罕 ： 量 的 分 析

價值投資的開山宗師格拉罕，主張投資「價格明顯低於價值」的股票來獲利，只要不輸錢，將來自自然然便會賺錢。格拉罕對價值的判斷，是以客觀的數字來作依歸。他主張以「量的分析」來分析股票，如投資者應購買市值為營運資金三分之二的股票，然後待市值升至與企業營運資金相若時沽出。

格拉罕經歷過上世紀三十年代的大蕭條，其時美國有近四分之一人失業，股票便宜至讓人難以置信的地步，讓他能從容選擇，並獲利豐厚。但大蕭條亦讓其一生都奉行極其審慎的投資策略，在大牛市中，格拉罕的表現便及不上其學生巴菲特。

WARREN BUFFETT

巴菲特：以企業家角度投資

巴菲特出生於熊市之末，結果讓他分外的樂觀和敢於下決定。他自述出生由來：「1929年的大蕭條讓父親失業，每天都待在家裏。You know，當時沒有電視，人們又沒有別的娛樂——結果9個月後我便出世啦。」

從小便沉迷「賺錢」的巴菲特，初接觸股票時，首先是對技術分析着迷，但當他讀到格拉罕所著的《智性投資者》（*The Intelligent Investor*）一書後，便發覺之前所學的根本就是胡説，更馬上轉往哥倫比亞大學跟隨格拉罕學習。

畢業後巴菲特曾在格拉罕的公司做事，至1956年，年方25歲的巴菲特從紐約回到家鄉奧馬哈（Omaha）自立門戶，集資10萬美元，成立其第一隻投資基金。

二戰結束後的五六十年代，「便宜」的股票並不如往昔般多，且此等股份的成長率亦一般較低。巴菲特感到格拉罕的方法太過機械性，難以完全跟從，遂從數字分析轉向做企業分析，不再只看企業的賬面價值，而是嘗試衡量其內在價值（主要是生產力），其投資理念的中心是分享企業的成果（A Share in A Business）。

其時人們都相信聰明絕頂加上受過專業訓練的巴菲特會成功。人們沒料到的，是巴菲特後來的成就遠遠超於一般的成功。他每年均會在寄給客戶的信件上寫道：「我無法向各位保證投資績效。但是，我可以保證：一.我們投資的取捨標準是以價格來決定，而不是以知名度為依歸；二.我們的投資會將資本虧損降到最低。」

自此巴菲特便開始了其之後近60年，堅持只買進價格被低估股票的投資之路。他喜歡的習作之一，是選擇某一年——如1970年——然後考察這一年市值最高的10家企業，然後，他又跳到1990年，在此觀察這些企業的營運情況，來讓自己跨越身處時代的束縛。

別人恐懼我貪婪

巴菲特第一樁為世人所稱頌的投資，發生於1964年。其時美國運通（American Express）因身陷沙拉油醜聞而連連下挫，股價短短數天內便跌了近一半。正當其他人紛紛拋售，惟恐避之不及時，巴菲特卻選擇別人恐懼我貪婪，反向地大手買進，皆因他仔細評估美國運通的營運狀況後，發現醜聞對美國運通的影響並非如外界想像般大。

更重要的，是AE的王牌業務信用卡和旅行支票並沒有受到波及。時年僅34歲的巴菲特遂毅然投入旗下基金的四成資本，買入5%美國運通股權。美國運通要待1965年才開始回升（巴菲特這一年多是如何度過的？），至1967年升抵180美元，較底部上升近5倍。那一刻，彷彿奧馬哈的天空也特別藍，眼前的可口可樂也特別可口了。

當股市下跌，大部分人均視之為逆境，但投資大師早已脫離事物表面的羈絆，而看到事物的本質。股市大跌，正是買入心儀股份的合適時刻。"Be Fearful When Others Are Greedy and Greedy When Others Are Fearful." 並不是一句口號，而是切切實實，須貫轍執行的投資策略。

相反一般人歡天喜地的買股時刻，卻往往是投資大師的困難時分。

1969年，美股急速上漲，巴菲特卻緊皺眉頭，因為他已找不到合乎其選股標準的便宜股份了。巴菲特在其寫給客戶的信件中說：「在如此市況下，我的步伐有點凌亂……然而我也很機警。我並沒放棄我所熟悉的投資方法（雖然目前這些方法較難發揮作用），而採用一些我只是一知半解的新投資方法。這些方法或許可助你輕鬆獲利，但只要稍一不慎，這些方法隨時讓你遭遇巨大虧損。」

既找不到便宜的股份，投資者的期望回報又會因股市上漲而升高，巴菲特遂別人貪婪我恐懼，退出股市，將資金發還予投資人。經營了13年的巴菲特夥伴投資基金，就這樣結業了。那一剎，彷彿天空也沒有那麼藍，可樂也沒有那麼可口了。

然而巴菲特的堅持沒有白費。

及後幾年美股連連下跌，但巴菲特樂了，因為他找到了許多便宜的股票。巴菲特甚至在1979年時說道：「假若你要買股票，現在正是合適時刻。股市正在向你高聲吶喊！」

2000年科網泡沫時，全球皆為科網股歡呼，巴菲特卻自巍然不動。2008年金融海嘯最激烈的時刻，巴菲特決定入股高盛，結果翌年便因標普指數再次破底而被訕笑，但最後結果如何？巴菲特從來都知道自己在做什麼，他從來都沒理會股市波動，他從來都是以價值角度來思考。

股價升跌是客觀現象，但順境逆境卻在於人們主觀的心。天空還是它原來的藍，可樂也還是它原來的味道。

自1965年至2015年，巴郡的每股賬面值一共上升了7511倍，年均增長達19.4%，大大跑贏了同期標普500指數的112倍回報。若以每股市值作單位，巴郡50年來更是足足上升了18261倍。即若你在1965年交給巴菲特1000美元，在2015年足足可以拿回1800多萬美元。包發達的稱號絕非浪得虛名。

包發達四大訣竅

巴菲特成功的底因到底是什麼？其投資名言如「價格是你付出的，價值才是你得到的」或「Rule No. 1: Never lose money. Rule No. 2: Don't forget No.1.」，不少投資者早已琅琅上口，但這些原來都不是最重要的。巴菲特超凡回報的底因，其實是源於其對投資行為異於常人的透徹理解。

訣竅一
————
**着重企業價值
的
持續提升**

初學者對投資的理解，往往只聚焦於股價波動。較為專業的投資者，會嘗試了解股份背後所代表的企業。惟巴菲特更關心的，並非企業當下的盈利水平或資產價格。他重視的，是企業能否長期提供穩定並持續的盈利增長，讓投資者的購買力在一段時間後大幅上升！

巴菲特不僅是投資者，更是企業家。他喜歡研究企業的產品、管理層、經營策略、未來展望等等，並從中找到具有「深闊護城河」保護的企業。消費者會不斷重複使用其產品，10年、20年，甚至50年後依舊會存在的股份。當你購入股份時，你擁有的不只是一張股票，而是一家企業。假若你買入股票，而不知該企業的生產情況、勞資關係、客戶或市場佔有率，這根本就是瘋狂。

在他眼裏，世上只有兩類企業。一類是少數經營優良的企業，然而這些企業通常都不會太平；另一類則是經營不善、或普普通通的企業，然而這類企業的股價，卻大部分時間都會高過其應有價值。

優質股份偶爾也會有低過其應有價值的時刻，此時投資者便應大手買進，而不是預測經濟環境會否轉壞（經濟總有其周期）、又或股市會否再度下跌（指數升跌與閣下持股不一定有關）。經營優良的企業本身已有巨大的安全邊際（Margin of Safety）保護，能低價買入又是另一重的安全邊際。

如其在2014年年報中解釋，為何在2009年底斥巨資買下伯靈頓鐵路：「這是巴郡史上規模最大的一筆收購，其實是在『全副身家賭美國經濟前景』。類似的押寶並非沒試過，但我們確信賭美國繼續繁榮是確定性非常高的事情。如不信，看看過去238年中，有誰是下注美國衰落而成功的？便以我有生之年來說，美國的人均產出便上升了6倍。」

巴菲特相信美國經濟的自我修復能力，能讓它度過一次又一次的危機，遂「賭身家般的」下注全美第二大的鐵路運輸公司伯靈頓。伯靈頓獲巴菲特私有化後沒有上市，惟標普500指數已從2009年底的約1000點上升至現在的2100點。

訣竅二

做個主動的投資者

巴菲特的愛股如可口可樂、美國運通、寶潔等，早已為人所熟知，但原來相關的上市企業投資只佔巴郡的資產約三分之一。巴郡更多的價值，其實是來自那些早已私有化的企業（好東西當然要私有化啦），如巴郡能源（前稱中美能源）、保險商GEICO等等。巴菲特並不是純粹的被動投資者，找到好公司後便置之高閣，而是會通過各種方法來提升系內企業的價值。

他於巴郡2014年年報《致股東的信》中寫道：「在這種有利形勢下（指美國經濟將復蘇），我們將通過各種途徑提升巴郡的每股內在價值：一、持續改善眾多子公司的盈利能力；二、通過補足型的收購來提升盈利；三、從投資對象的增長中獲益等等」。

巴菲特會通過委任優質的管理人和定時與子公司管理人員通電話，務求子公司的潛力充分發揮，並讓價值與日俱增。

訣竅三

**善用
財務槓桿
加大回報**

巴菲特最喜歡那些已坐擁許多現金，並能持續帶來現金的企業，因為一來投資人並不再需要為企業未來的發展投入現金，二是可以藉企業所產生的現金投資其他優質股份。

他也會利用財務槓桿來加大回報，但他沒有借錢投資，其槓桿乃來自旗下保險企業的浮存金。

保險是先收費後償付的行業，投保者可能會長時間繳費予保險商，且往往不能中途停止，這筆不屬於保險商而歸其所用的資金便是浮存金。

巴菲特投資保險業，一、是有助取得廉價資金，讓其能月復月的吸納優質股份，加大投資回報。二、是他只下注優質（能擴大市場份額、持續增長）的保險商。巴郡浮存金的規模，已從1970年時約4000萬美元，增加至2014年底的840億美元水平，浮存金的快速增長讓巴郡的投資回報燒得更為暢旺。

沒有人知道保險商下一分鐘會不會要賠付，但只要基數夠大、精算師沒有算錯，保險商大部分時間都會賺錢。

訣竅四

對優質企業
作
「長期投資」

儘管優質企業也會在危機中受創，但卻會在復蘇時把和劣質企業的差距進一步拉開。是故不要嘗試猜測底部，而是要堅持長期投資優質企業。

長期成長，惟有靠具質素且貫徹始終的投資對象才能做到。巴菲特借用其老拍檔芒格（Charlie Munger）的説話：「假若你想一輩子生活在痛苦之中，那就去找一個會不斷改變行為（Behavior）的人結婚吧（蘇格拉底的版本是：娶到一個好妻子，你可以得到幸福；娶到一個壞太太，你可以成為哲學家）。」

沒有人知道明天股市會如何波動，但只要經濟、企業盈利、財務等各方面均能逐年成長，長期而言，獲利的機會根本是高唱入雲。

巴菲特的精采，在於其不僅是一普通投資者，還身兼企業家和經營者，有時更喝可樂、彈小結他、説出不少幽默話來，恍似變為智慧的化身。一代股聖，四般名相。如果叫這4個巴菲特坐下來打一場橋牌，説不定比華山論劍還要好看。

JOHN TEMPLETON

鄧普頓：介乎質與量之間

鄧普頓亦是格拉罕的學生，他固然從「量的分析」開始，但其後也自出機杼，他並不是完全地向巴菲特的「質的分析」靠攏，而是介乎兩者的中節。

1939年第二次世界大戰爆發後的某一天，他打電話到經紀行，並下了一個很奇怪的單子：「麻煩你替我找交易所內所有低於1美元的股票，然後全部各買100美元。」經紀人好不容易替他找到了104家股價低於一美元的公司。4年後，鄧普頓沽出股票，當中有34家已經破產，但回報並沒有令他失望，一共收回約4萬美元，是買入成本的4倍。

鄧普頓的買入理由十分簡單，一是之前連續10年的大蕭條讓股份早已十分便宜，而低於一美元一股的股票正正最具投資價值；二是歐戰的爆發將令美國經濟擺脫衰退、浴火重生。估值見底回升固然讓股價上漲，盈利攀升更是讓鄧普頓注定獲利甚豐。

他並不會局限於具知名度的大企業，而是盈餘豐厚、市盈率低、具成長性的小型企業也會投資，既重視數字，也注意企業本身的質素。

在美國找不到合乎「格拉罕法則」的股份，鄧普頓便往海外找。更重要的，是他開始了投資新興市場的大潮。他在日本和加拿大的交易所，如在美國般的如魚得水，對瑞士、德國、荷蘭、比利時等地的股份同樣瞭如指掌。

PETER LYNCH

彼得林治：Ten Bagger

林治的投資以中細價股份為主，尤其以擅找10倍股（Ten Bagger）而著名。10倍股是什麼？是股價上升5倍後再升一倍，回報便是10倍。最後一段上升最斜，但亦最急。

好的股票該怎麼找呢？林治陪太太逛超市而找到絲襪股，為人所津津樂道，惟大眾忽略了他背後所做的研究工夫。每隻股票都是一家公司，要了解這家公司在幹什麼。林治在富達（Fidelity）的日子，會邀請企業人士和他們吃午餐，然後很快擴大到早餐和晚餐，再擴展到下午茶(我終於明白為什麼他在四十出頭便退休了)。

Dull is Good

林治喜歡的，是那些在看似沉悶的低增長行業，卻能錄得高增長的股份。「悶死人」的股票不喜作宣傳，管理層不善奉迎，令股價長期牛皮；又或是由於業務平凡，沒有一些驚天動地的故事，讓投資者心存輕視，不肯投資。然而當中其實暗藏不少瑰寶，例如林治陪太太逛超市發現的沃爾瑪（Walmart）。

他在Walmart 4美元一股時大手吸入，但大部分投資者卻等到其老闆登上富豪榜成為名人時，才以40美元一股購入。

日常生活中往往會得到有價值的資訊，先專家之買而買，是買中10倍股的先決條件。

從1977年到1990年，13年間林治的基金淨值上升26倍，年均增長高達29%。每個神話的背後，都有特定的場景設定。林治當上基金經理後不久，便適逢列根上台，大力減稅和減少政府干預，讓經濟步過滯脹，重回市場主導，中小企由是百花齊放。

但難道林治投資細價股而成功，便等於細價股份外值得投資？近兩年港股興起一陣炒賣細價股殼股之風，推波助瀾者以合乎國策作招徠，以猜度大股東心思為己任，以搭順風車作口號，更有甚者以此著書立說，《細價股XXXX》的。但最終結果如何？從高位下跌八九成的，不絕如縷；停牌後未能復牌的，也大不乏人。一眾散戶最終還是接了最後一根火棒，成了大鱷點心。

內地推行的供給側改革，便被認為是列根經濟學的中國版，但內地經濟結構矛盾由來已久，大約要一兩年後，改革紅利才會明顯透出，中細價股或許到時表現才會較好。

「劍招」和「劍意」

價值投資法門派很大，即使是格拉罕和巴菲特也有不同，每人「武功」的側重也不同。巴菲特重「質」的分析、其師格拉罕重「量」、林治則重企業的成長性，富達另一傳奇基金經理波頓（Anthony Bolton）則是逆向投資者，喜歡捕捉股市的周期、行業的周期、企業由壞變好的周期。花開數朵，投資風格各表不同，但同樣重視企業的基本因素、基礎分析、風險管理（首要不輸錢），倡導長期投資（長期進行投資）。

他們的投資風格卻各有不同，是因為世上唯一不變的就是轉變。當一種投資策略漸為人所熟悉，使用的人多了，其效用自必遞減，於是便催生出新的投資策略。

不過，大師值得學習的乃是「劍意」，而非「劍招」。最簡單的例子是林治「陪太太逛超市投資法」，看似十分浪漫，但人們卻忽略了其執行研究時十分嚴謹。要把所見的「劍招」忘得半點不剩，才能得其神髓。投資市場變化千萬，倘若有一兩「劍招」忘不乾淨，心有拘囿，劍法便不能純。

投資的前半部應該學林治，找出能連年成長的股份（而不是拘泥於細價股）；後半部則要學巴菲特，等到合適價位才買入（而不是學其至今仍長揸美國運通）。

世上或許有多種成功投資的法門，但前人經驗已在反覆論述，重視基礎分析的投資法，成功機會最高、回報普遍最好。

近來聽到一種說法，指「世上只有一個巴菲特」，多少人想複製其成功經驗但都失敗了。加上一般人很難具備巴菲特兩項得天獨厚的優勢——從保險生意處借用的廉價資金，利用其巨額投資影響投資對象的管理層人事任命——是故巴菲特不可學，價值投資無用。

世上當然只有一個巴菲特，但世上也只有一個Benjamin Graham、一個John Templeton，一個Charlie Munger，一個Peter Lynch，一個Anthony Bolton。當然也只有一個謝清海，一個劉國傑。

世上也只有一個Bill Gates，在此以後便從沒有科技行業業者成為全球首富，難道便應以此推斷科技行業無用？隨後興起的如Apple、Google、Facebook、Amazon、阿里巴巴，不是已在反覆說明，科技和互聯網行業，正在不斷改變世界了嗎？

世上只有一個巴菲特的另一解說，是否人性總是易被貪婪和恐懼所左右，只有如巴菲特般的極端理性投資者，才能戰勝恐懼克服貪婪，從別人的不理性時刻中獲利？

巴菲特之偉大，在於其過去50年始終言行如一（重承諾的男人最有型）。基礎分析能助你找到被低估的股份，但只有奉行紀律，說到做到「只投資於價格明顯低於價值的股份」，才會讓你獲利最豐。

段數最高的巴菲特，將價值投資法發揮至極限，但一般人只要運用到五六成，足以減少無謂的失誤。假以時日，達至財務自由絕非遙不可及。

太陽底下無新事。事情總會重複出現，但每次卻都是以不同面貌出現。曾有很長一段時間，低市盈率便等於平。但現在看來，不是笑話一則嗎？**所以說讀歷史有助於投資，因為歷史會問因果（cause and consequence），它着緊的，從來都是「創意」。**

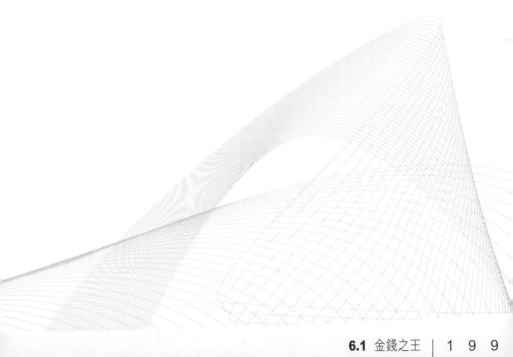

6·2

如市場不能用投資的角度視之，不如試用投機的角度來觀之。

德國「股神」科斯托蘭尼（Andre Kostolany）（對，他是開宗名義，並以此為榮的投機家）在其著作《一個投機者的告白》中憶述，他第一次踏足證券交易所當見習生，一位前輩這樣對他說：「這裏（股票市場）的一切都取決於一件事，那就是股票比傻瓜多，還是傻瓜比股票多。」

傻瓜短時間內急增，股市自然快速上升。那麼，投資者應否入市投機以博取回報？

這要視乎投資者是否具備投機的資格。科斯托蘭尼的另一名言：「錢少（那些不會餓死但永冇發達的中產），不可投機；有錢，可以投機；一窮二白，必須投機。」

我國民眾向來有愛賭的天性，從往昔的窩輪成交金額冠絕全球，到近年的澳門賭場人流不絕，以及中資金融股炒作，均能看見中國人對投機博彩的熱衷。投機者還要不斷地自我催眠，反覆對自己說：「只有我知道，其他的人都是傻瓜。」

德國「股神」科斯托蘭尼：
投機講求資格

須冷靜全力以赴

但是從科斯托蘭尼看來，投機並非一種被貪念支配下，迷失理性並訴諸運氣的接火棒遊戲。而是一種講求冷靜、進退有據、費時卻必須全力以赴，兼且只有少數人能賺錢的智力遊戲。以玩樂或小注怡情心態作交易的人，絕對不宜投機。

「圖表可能賺錢，但肯定會賠錢。」科斯托蘭尼認為投機本身十分危險，假若你不是上述的兩種人，又或不具備當中的特質或全身投入，那便不要投機，因為當中的風險已遠超你的承受能力。

科斯托蘭尼説：「主人帶狗散步，有時狗兒跑在主人前面，有時又跑到背後。折回來，返回去。待主人和狗兒一起抵達終點時，主人走了1公里，而狗兒卻已跑了4公里。」主人是經濟，而狗兒則是股市。

現在中國經濟走走停停，但大體仍是會步向下一個高峰，「主人」和「狗兒」均只會一起走向下一點。只不過，今年主人一共帶着兩隻狗兒，一隻叫「新經濟」，一隻叫「舊經濟」。

大多數時間是新經濟在前，而舊經濟遠遠在後。但有時又會是舊經濟一輪急衝而新經濟往回走。除非你打算賺盡市場上的一分一毫，並能全身投入，否則還是不要太過理會股市的短期波動。有紀律地定期吸納優質股份（大量的新經濟和部分的舊經濟）便可。

至於已滿手新經濟股份的投資者。科斯托蘭尼的交易格言道：「看重小利的人，不會有大價值。」只要看對了趨勢的發展，時間終歸會站在你的一邊的。

6.3

索羅斯：專心研究扭曲

重翻索羅斯的《金融煉金術》，其投資哲學，大約一句話便能概括：「從根本上看，我們所有的世界觀，都有缺點或被扭曲。而我們的任務，就是專心研究這種扭曲的重要性。」

索羅斯最為人津津樂道的一役，當然是1992年狙擊（沽空）英鎊，單日大賺10億美元。獲巨利背後的原由到底是什麼？九十年代初，英國加入歐洲滙率機制（ERM）。按規定，各成員國有責任將本國的貨幣滙率限於一定範圍之內。同年10月，兩德統一，德國為對付通脹開始加息，相反其他成員國為刺激經濟，仍奉行低息政策，資金遂逐步從各方流向馬克。英鎊兌馬克的滙率不斷測試規定的下限水平。

其時德國的經濟強而英國弱，德國需要加息而英國不敢加，馬克被低估而英鎊被高估，兩國根本就是同床異夢。索羅斯在報上讀到德國央行行長對通脹表示憂慮的言論，相信德國將再次加息，資金將加速流出英鎊而迫使英國脫鈎。

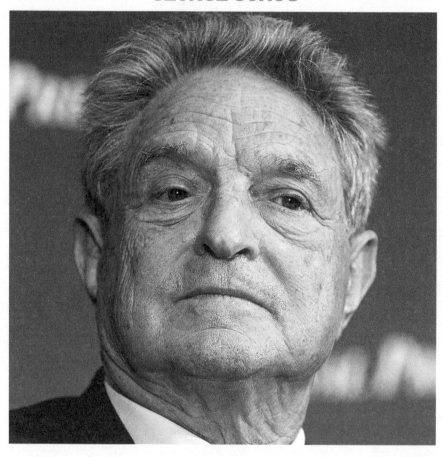

GEORGE SOROS

找大趨勢狠狠下注

儘管英國政府反覆重申英鎊不會脫鈎，但索羅斯看重的從來都是事物的本質。1992年9月16日，索羅斯決定按下板機，加碼沽空100億英鎊。同日上午，英格蘭銀行決定將利率從10%提升至15%應戰，但絲毫無力緩解英鎊跌勢，最終當晚宣布英鎊脫鈎貶值。勉強撮合的姻緣，最終都只會分開。繃緊的橡筋一旦鬆開，其反扭曲力掀起的波瀾當然也特別巨大。

及後的亞洲金融風暴，不過是另一回的扭曲和反扭曲表演。自九十年代初持續的資金流入，讓東南亞各國連年經濟高增長，區內彌漫一片歡樂氣氛，不但各國貨幣滙率屢創新高，也讓各國將資產價格推高至一個不能再持續的高度。及後所發生的事，讀者所熟知。

弱水三千，只取一瓢飲。投資者從來都不需要什麼都認識，也不需要每隻股份都涉獵。重要的是找出最大的趨勢，然後狠狠的下注。**發達的秘訣是累積本金，然後把握一生之中兩三個賺大錢的機會。**

人們總受周遭的事物所影響，日復日的潛移默化。市場本來沒有泡沫，但當大部分人往相同的方向走去，便慢慢形成熱潮甚至泡沫。「共識」有可能一開始就是錯的，也可以是攀升至不可能再支撐的高度才崩塌。但不管是泡沫的形成還是爆破，都可以是巨大的獲利機會。投資者時刻要思考的，是趨勢在哪裏？我們身處在趨勢的哪個階段？趨勢又最終會往何處走去？

索羅斯能看到問題預測趨勢發展，在於其淵博的知識、深刻的思維和豐富的想像力。投資者真的不用什麼都通曉，看出大趨勢緊緊捉住便已很足夠。

6·4

達里奧（Ray Dalio）是全球最大基金Bridgewater的創辦人，
管理近1600億美元的資本。自1975年成立以來，共賺得逾450
億美元的利潤，為史上最賺錢的基金。其賺取巨額利潤的投資
策略到底如何？當中又有什麼值得投資者「偷師」？

達里奧：史上最賺錢 對沖基金創辦人

1971年，美國總統尼克遜宣布美元將與黃金脫鈎。其時剛出道不久，正在華爾街看電視直播的達里奧，心想明天股市一定會大跌了。然而，事實卻是道瓊斯指數翌日上漲逾4%。

行了27年的金本位終結，明明是壞消息，為何股市卻會大漲？達里奧明白到，他再也不能單憑自己的經驗作判斷。因為從歷史角度而言，任何人的一生都實在太短了。

對內地的八九十後而言，經濟從來都應該是高速成長的。對日本的八九十後而言，股市卻是無聊遊戲（日經指數從1990年的40000至現在的16000點）。人生經驗主導思維方式，但主觀的思維方式卻難以得出客觀判斷。

美元與黃金脫鈎看似是大事，但遠未至史無前例。貨幣貶值其實是不少經濟體高增長期過後的必然趨勢。

拆 細 分 析 一 目 了 然

達里奧自此專注研究「經濟機器」（Economic Machine），包括經濟如何運行、不同資產價格之間的關係、經濟現象如何重複，以及會以哪種形式重複等等。

他開創了一種前無古人的分析方法——把分析對象拆分，然後研究這些成分在不同時候的不同關係，從而推敲經濟在可見未來將如何運行。

舉例説，當時其客戶麥當勞想推出一款雞肉產品，但供應商擔心雞肉價格會波動，其時又沒有雞肉期貨市場可供對沖。達里奧心想，雞肉其實等於小雞、玉米加豆粕（Soymeal）。雞肉期貨市場不成熟，但玉米和豆粕期貨市場卻十分成熟。只要買入兩者期貨，雞肉價格不也就對沖了嗎？麥當勞稱善，然後世上才有麥樂雞。

又如債券孳息率，其實是通脹加真實回報率。企業債息率則是官債息率加風險利差。投資回報當然也不只是投資回報，而是無風險回報（Cash）、交易回報（Alpha）和資產配置（Bata）三者的相加。

既然任何事物均可細分，那麼市場的潛在波動，也可被分拆為一些關鍵成分而分析之。經濟運行可推敲，加上不同資產類別對經濟變化的反應也可從歷史找到端倪，所謂的「意外」其實並非不能避免。通過資產配置

（股、債、商品、現金），構建最理想的投資組合。達里奧將這種投資策略稱為「全天候」（All Weather），意即是不論經濟發展如何，組合仍將平穩前進。

達里奧的投資策略介紹暫且打住，惟可供投資者參考的已不少。投資賺大錢，從來都是有關價格和價值的差異。巴菲特的待價格比對價值出現巨大折讓時才出手固然是；索羅斯等待價格升至不能維持的高度時狠狠沽空亦是；達里奧熨平一切「意外」的投資法當然也是。Steve Jobs拿iPhone時，大約會思考還有哪裏不夠user friendly。Bill Gates用視窗軟件，大約會想還有哪裏行得不夠順。投資者每天要念茲在茲的，其實便是世上還有哪些巨大價格和價值差異還未熨平。

有問題但不知該如何思考？不妨將它拆細然後再細看。零售便只是零售？零售其實是通脹數字加真實零售。零售升跌，要弄清到底是物價變化，還是消費轉向？10%的零售增長，也可以是6%的線下和30%的線上增長，後者當然值得花更多時間。許多問題拆開來細看後，會有趣和看得仔細許多。

世上難事千萬，惟以發財最難。強如達里奧，2015年也一樣要輸錢。原因是放水多年後，全球資產泡沫讓各類資產價格走勢的歷史關係也土崩瓦解，資產泡沫終歸會爆破。量寬初行（QE1）製造了大牛市，耶倫現在的量寬或有助推遲熊市來臨，但要來的終歸還是要來！

6.5

漫畫《風雲》的作者馬榮成是一位資深且成功的物業投資者，其最為人津津樂道的交易，是在2008年底金融風暴最劇烈之際，以7600萬元現金買下山頂施勳道豪宅倚巒（實質呎價約每方呎3.2 萬元）；2015年已升至近8萬元一方呎。

山頂物業地段優質，供應又有限，人人都想擁有，但金融風暴讓人看不清前景，近8000萬元也不是小數目。馬氏為何能迅速下決定？這是因為他一早已對投資項目有深入的了解，清楚其價值。

馬氏並非投資初哥，參考其以往訪問，他早於上世紀九十年代便已投資物業，除了倚巒外，買入過的物業包括山頂布力徑獨立屋、大潭雅柏苑、大坑嘉崙臺、貝沙灣等。他喜歡港島區物業，尤其是豪宅，原因是供應少、反彈力強。相反，「新界樓一跌就好慘，且升幅好慢，94年買加州花園，揸咗11年，先賺得少少。」

馬榮成借《風雲》説投資

成功投資絕非觸手可及（打個電話便能賺錢？），但亦非大部分人想像般的遙不可及。Malcolm Gladwell的著作《表表者之勤有功》（*Outliers*），便提出「一萬小時」法則，世上並沒有免費午餐。不論機構投資者還是普羅大眾，走上投資成功之路都必須經過努力用功。因為只有如此，你才會了解投資對象的真實價值，待機會來臨時，才會有勇氣逆市買入。投資者並須從過往經驗中學習，讓自己的投資功力隨時間而提升。

以 理 性 為 決 定 依 歸

努力有助你知悉投資對象的真實價值，但知固不易，行亦很難，正正是投資常事。投資決定需要勇氣。勇氣並非孤注一擲式的訴諸運氣，而是作深入研究分析後服膺理性的紀律。

眾人貪婪我恐懼，固然需要勇氣，眾人恐懼我貪婪，更加需要勇氣。勇氣並非源於貪婪，而是不讓感性蓋過理性，不會輕易的被周遭環境所左右，堅持分析結果，以理性為決定依歸。

馬榮成買入倚巒的原因不過是，「倚巒最值錢係景觀，位置罕有。豪宅市場係世界性的，內地客或各國基金都係買家，當中以供應量有限的港島區升值潛力最高。……我冇債，有咩好擔心？就算聽日倚巒跌到一蚊，對我的生活都無影響。」倚巒當然沒有跌到一蚊，而是較其買入價翻了近兩倍。

相反，若遇大事而惜身，見小利而忘命，動輒被眼前利益所帶動，而不是以理性分析為依歸，又如何能賺大錢？2008年Accumulator讓不少投資者損失慘重，馬榮成則表示自己從不碰這類複雜的金融產品。「同呢樣嗰樣掛鈎嘅產品，我喺銀行都聽唔少，通常我會直接同對方講，你講明畀幾多釐定期利息我就得啦。」知之是知之，不知是不知，是知也，亦是理性分析也。

大部分人説：「You are what you eat.」但在投資領域，應該是You are what you buy。個人投資是性格的真實反映。《風雲》連載了25年，馬氏從事漫畫事業更長達40年。從《風雲》畫功能長期保持高素質，便能看出其處世的認真和對己的嚴謹。

用功、理性看似不難，能長時間做到才是最難。馬氏曾嘗言：「人老了，畫功會進步還是退步？當日日咁畫，本來無理由會退步的，我用十幾年去思考呢個問題，到近年終於明白，心一退，畫功就會退，心退的意思，是思想及眼界上無法再去開拓了。」不但是時間的投入，更重要的是認真的態度，是一切的源起。投資如是，工作如是，對世上大多數事務，亦應復如是。

6·6 假如李光耀是基金經理

新加坡國父李光耀的《李光耀觀天下》，對全球未來的發展，作出精闢並坦率的見解和預測。書中所述不但有助分析全球局勢發展，部分分析道理也與投資之道相合。

李光耀認為，要預判中國未來20年的發展，答案必須要在中國人民和社會裏找。是故開首第一篇即為〈中國：一個強大的中央〉。李氏認為，「5000年來，中國人一直認為，只要中央政權是強大的，這個國家就安全。如果中央虛弱了，國家就會紊亂。一個強大的中央會帶來一個和平繁榮的中國……在短期內，人們不可能背離這一原則。」因此，儘管經濟轉型讓經濟放緩以至其他因素，社會在可見將來仍會大體保持穩定。

「中國人懂得，還需要30至40年和平時期才能趕上世界其他國家……衝突和動亂的危險，可能再次陷入長期沉淪。因此，對中國人來說，理智的考慮是：『我們已經用了這麼長時間等待這個能趕上發達國家的機會。為什麼要匆忙做出不利於逐步崛起的事呢？』」未來內地經濟大概仍會跌跌碰碰，但仍會反覆向前步上下一階梯。

李光耀分析，美國「陷入困境但優勢仍在」。最主要原因是美國極具吸引力的移民政策，「美國社會比過去任何時候的中國更具吸引力。每年引進成千上萬的聰明且不安於現狀的移民到那裏定居，並在各個領域中取得成功……美國幫助他們融入，並為他們提供平等的機會去實現美國夢，這些不斷被吸引進來的人才也反過來協助這個國家去創造新技術、新產品和新經商方法。」美國也因此能在一次又一次的危機中浴火重生。

着 眼 於 事 物 的 本 質

這種分析的根源來自李光耀對各國領袖親身接觸的觀感，來自對該國歷史和社會的了解，以及在當地訪問時的觀察。李光耀不靠印象、不純看數字，而着眼於事物的根源和本質，背後的道理，是否值得投資者參考和深思？

不論是經濟分析還是個股研究，數字的分析只是最基本的一步。投資者更要在意的是管理層的性格作風，所說的是否連貫，所作的承諾又是否兌現等等，研究事物的本質比研究表象重要太多太多。

若中美的前景均屬正面，投資者又是否要因「美國股市已連升多年，所以將見頂」，又或「中國股市已多年讓人失望，不要予以期望」等眾人之說所影響？李光耀年屆90高齡，仍出書的原因是「新加坡：處在十字路口」。

中美以外，李光耀還預測，日本將因人口結構老化而走向平庸，歐洲則會因福利社會和僵化的勞動法律而削弱競爭力。在如此複雜的二十一世紀，新加坡將如何自處？

睿 智 下 注 國 運

新加坡沒有天然資源，也沒有祖國可以背靠，其海峽時報指數裏也沒有滙控（00005）等國際或中資巨擘，當然也沒有源源不斷的自由行，更要為國防和外交負上龐大開支（為強鄰所環伺）。但即便如此，其經濟還是切切實實的從回歸前落後，到近年反超香港。

自1965年建國以來，新加坡先是憑其獨特地理位置，依靠貿易立國（港口吞吐量全球排名前列）。

到及後決心發展金融業：嚴謹的規範有助吸引各國銀行，適時的創新更有助引來國際資金（如2011年准許和記港口以商業信託形式上市）。再到近年發展旅遊業，建設賭場，並將新航發展成全球最佳航空公司，都能看見政府的思路。

從一個產業到另一個產業，享受完整個行業的增長高峰才逐步轉往下一行業，然後再全力發展。極少聽到新加坡政府會喊喊口號，試玩般發展一下某個產業，然後又輕易放棄擱置的。若如此，又如何享受到從投入、獲利、增長、成熟的整個大浪？

新加坡並沒有先天資源，也沒有祖國可以背靠，其經濟奇蹟的底因，便是靠李光耀的銳利眼光和小心經營。李光耀下注的是國運，投資者下注的是金錢，但背後的道理，又是否有相通之處？假若李光耀真的是基金經理，回報也許真的會比大部分基金經理要好。

已故李光耀曾說：「If you want to reach your goals and dreams, you cannot do it without discipline.」。優質股份不難辨認，等候低價買入也非最難，但要長時間持有才是最最最難。但無以乎此，又如何享受那隨企業持續成長而來的複利滾存？

治大國如烹小鮮，唯一的出路，便是小心翼翼的調整自己的經營策略，以求在未來世界仍能謀一席位，不會因過往的成功而驕傲，也不會因眼前世界充滿不確定而害怕或自怨自艾。

6.7

落紅不是無情物
化作春泥更護花

投資固有運氣成分，
惟運氣不可累積，
投資智慧卻能通過文字
而代代相傳。

6·7

曹仁超先生離世，感慨千萬。
決心學習投資，便是源自曹先生的一篇文章。

2004年3月8日的「投資者日記」曰：

讀者朋友們，你哋係咪負資產？（筆者按：現在則為未上車）或者每月收入支付一切開支後所餘無幾？年齡漸近退休唔知怎麼辦？我老曹認為，自由的保障來自：一、不欠缺什麼；二、擁有一定的財產。如果你係負資產（未上車）或你居住的物業仍有15年甚至20年才還清，你以為你真係擁有自由嗎？

今年日本櫻花開得幾靚，周末能否一家出發去日本賞櫻周日晚便回來？太浪費？非也，只係你已失去自由，因為你嘅錢要用嚟供樓，唔可以用嚟浪漫！你對而家工作失去興趣，老闆脾氣太差，但唔敢辭職？因為你有一定財富（例如未來3年唔工作的生活費），其實你已失去轉工的自由。其實「自由」並非一般人想像中抽象，所謂自由，便是無欠債外另擁有小量財產（即小資產階級），只要達到此境界，便天大地大任你行。

曹仁超
一勤天下無難事
不悔真情不悔癡

「投資者日記」責任唔係教你發達（發達的人毋須睇我老曹嘅日記），而係達到小資產階級境界，可以享受自由帶來的樂趣！如未達致此境界，及早搞掂你的負債，及時建立自己手上小小財產，可惜學校唔會教呢類知識，一般家庭亦唔會講，太多人因冇財務計劃而失去自由仍懵然不知！

如何能致富，或至少達到小資產階級境界，甚至可周末往日本賞櫻？答案當然是學習投資！

花 3 0 年 去 做 一 件 事

別看曹先生總是笑瞇瞇的，充滿智慧的金句一籮籮，便以為其似彌勒佛一般的輕鬆自在。其在投資路上，一樣下過大苦功。曹先生半退休前，每天朝十晚十伏案寫作，長達30年之久，每周六篇「投資者日記」（有段時間更達七篇），每天產量三四千字（『投日』是送早餐的妙品），可見其刻苦用功（筆者每周二三千字已見頭暈）。

世上有所謂80/20法則。即只要花20%的努力，便能大概通曉一種能力約80%，但要精通一種技能，便要再花80%的大努力，才能透達精華。曹先生花30年去做一件事，讀者又有沒有看到？

專欄文章要好看，要耐看，總要有一份真、一顆赤子之心。曹仁超當初追求太太的訣竅，便是逢人便說：「這是我未來的太太。」嚇得其他人不敢追求。曹Sir遂抱得美人歸（絕倒）。

曹Sir的真情可不是開玩笑的。聞說上世紀九十年代初，「投日」差點要開天窗，原因是曹太患病住院，曹生無法寫出風趣幽默的文章（可見其癡。是癡情的癡，癡心的癡，決不是……）！結果只好請林生代寫「投日」兩周（如記憶有誤，請指正）。

曹先生樂觀開朗健談，人所共知，其不但常請客同事呼「萬歲」；每年中秋更有大閘蟹宴。同事以外，對晚輩亦照顧有加。

某回《信報》新春茶敘，初出茅廬的筆者，碰到久仰的曹公。寒暄幾句後，曰：「要寫好文章不大容易。」沒料到曹先生馬上接曰：「我剛開始寫作時，一樣寫得不太好。」嚇得筆者O嘴。回過神來後，筆者說：「聽聞曹Sir喜歡吃銅鑼灣某餅店40元一個的Chocolate Banana Ball，真的那麼好吃嗎？Value for money嗎？」這回輪到曹Sir O嘴：「你怎知道的？」然後筆者從容不迫地從背包拿出蛋糕，懶洋洋地道：「這個原想孝敬先生的。但先生大病初癒，朱古力香蕉波這麼肥，這個罪，還是讓我來受吧。」曹先生的嘴張得更大：「你……」其頑皮真誠，能開玩笑，可見一斑。

從沒想過這麼快會再次用到這句子。「股神」巴菲特說：「金錢能把你放在有趣的位置上，但有錢不一定能買快樂。到了我這年紀，不是看有多少錢，而是看身邊有多少人真的愛你。」曹先生投資於家庭、工作、金錢，現在深得家人、同事、讀者懷念愛戴，其投資可說是相當成功的！

有幸與股評家東尼（Tony Measor）共事過年餘時光，時間雖不長，獲益卻不少，聊記如下。

其時約2008年前後，環球金融股開始緩緩從高位下滑。分別在加拿大和香港上市的保險股宏利（00945），以往兩地差價最多只有約1.2%。但其時差不多有兩個月時光，差價卻幾近10%之闊，香港平而加拿大貴。

難得宏利專家在旁，當然要請解心中疑難：「何解同一股票會有兩個不同價格？」好一個東尼，曰：「我也不知道呢（會說不懂的人才真的懂投資，因為投資市場實在充滿太多的不確定）。但假若加拿大的較平，你便在較便宜的那處買吧。」然後再微笑道：「在加拿大買了運回來賣，說不定是個好主意呢。」

一直認為價值投資是正經八百學問的筆者，那一刻真是嚇得目瞪口呆。研究分析固然須要嚴謹，但靈活運用同樣重要。用價值投資的分析框架作思考，實際應用上卻不要被固有框框所束縛（想像力比知識重要）！只要遵從基礎分析出發，看到重大投資機會，都可以是價值投資。

智慧堪傳世
記東尼先生二三事

筆者是舊派人，一部分便是學自東尼身上。他對「市盈率」一詞不以為然，認為那不過是分析員推介股票所創作的花言巧語。10倍市盈率的股票，盈利不變下，代表投資者10年後便能回本？理論上是的，只是三五年後的事已難以預測，又有誰在2005年能預測香港現在會變成如斯模樣！

東尼建議沿用年代較久遠的盈利回報率（Earnings Yield，即以每股盈利除以股價）來作估值工具。10倍市盈率倒轉（1/10），即10%的盈利回報率，然後用來和長債息率（無風險利率）和其他投資項目比較，投資對象的相對吸引力自然一目了然（對其時的筆者來說，真的是眼界大開）。

市盈率的正確用法

市盈率的正確用法，其實並非直接用作判斷股份平貴，而是應與每股盈利增長率合用。假若甲家公司的市盈率為20倍，而乙公司僅10倍，驟眼看當然是甲公司較貴。但假若甲公司的增長達20%，而乙公司只5%，那麼便能見到甲的PEG為1倍，其實要比乙（2倍PEG）為便宜。

東尼為讀者所敬重的原因之一，在於其從不會見升看升，見跌喊跌般的看風駛舵，動輒打倒昨天的我。其所看重推介股份，也不會多如天上繁星，讓讀者無所適從。而只會專注極少數優質股份，然後長期跟蹤追隨。

且看筆者剪存的一段東尼專欄文字：

「審視企業優劣的不二法門，是計算其長遠的盈利狀況，股價多少反而不大重要。若企業的盈利及派息持續增長，為何仍要擔心股價表現？滙控和宏利年復年做到增加派息幅度，實在沒有很多公司，能做到像它們般出色。過去15年，滙控由每股派息8美仙，遞增至去年派逾80美仙，每年平均增幅逾一成七（這當然是金融海嘯前的事）。」

小聰明的人喜歡嘗試賺盡市場上的一分一毫，在每一個刀口浪尖上逐利。只有真正具智慧、對世事洞若觀火的人，才明白能多年表現優異的企業其實是極為稀有的資源，遇上了便不應錯過。因蠅頭小利而沽出長升長有的股份，其實最為愚不可及。正確的方法應該是長期持有，待股份潛力全皆反映，或增長變慢時才沽出。

前人經驗當然是
提高投資回報的可靠門徑。

東尼雖辭世，惟其投資心法，
將如其他投資大師著作般繼續傳世，
伴隨一代又一代的投資人成長。